Hacia un nuevo paradigma de la Educación Superior, la modalidad virtual a distancia. Desafíos y consecuencias de los cambios originados en el contexto de pandemia global

Iriarte, Alicia
Hacia un nuevo paradigma de la Educación Superior, la modalidad virtual a distancia. Desafíos y consecuencias de los cambios originados en el contexto de pandemia global. / Alicia Iriarte (comp.). - 1a ed . - Ciudad Autónoma de Buenos Aires : Diseño, 2021.
198 p. ; 21 × 15 cm.

ISBN 978-1-64360-562-3
ISBN EBOOK 978-1-64360-563-0

1. Estudios Universitarios. 2. Educación. I. Título.
CDD 378.007

DISEÑO GRÁFICO: Karina Di Pace

Hecho el depósito que marca la ley 11.723

La reproducción total o parcial de esta publicación, no autorizada por los editores, viola derechos reservados; cualquier utilización debe ser previamente solicitada.

© 2021 de la edición, Diseño Editorial

ISBN 978-1-64360-562-3
ISBN EBOOK 978-1-64360-563-0
Septiembre de 2021

Hacia un nuevo paradigma de la Educación Superior, la modalidad virtual a distancia Desafíos y consecuencias de los cambios originados en el contexto de pandemia global

Alicia Iriarte
(compiladora)

diseño

Índice

Prólogo   9

Parte I   17
ANALIZANDO EL IMPACTO DE LA PANDEMIA:
VIRTUALIZACIÓN Y EDUCACIÓN

El proceso de virtualización forzoso del sistema   19
universitario. Luces y sombras detrás de la pandemia.
Encuestas, entrevistas, casos
- Introducción   21
  Andrés Mombrú
- Virtualización en la Educación Superior.   27
  Impacto y opiniones
  Alicia Iriarte
- Encuestas a estudiantes universitarios   41
  Marina Rango
- Impacto de la virtualización en los últimos años de la   53
  enseñanza media
  Juan Roldán

- Entrevistas en profundidad. Informe preliminar,   61
  Ana Cravino

El proceso de virtualización forzosa: Una mirada a partir de   67
las opiniones de docentes. Entre oportunidades y amenazas
  Alicia Iriarte
  Ana Cravino
  Marina Rango

2020, el año en que la enseñanza se virtualizó: 103
un estudio de casos
  Manuel Alonso

Parte II   129
REFLEXIONANDO SOBRE EL IMPACTO DE LA
PANDEMIA: VIRTUALIZACIÓN Y EDUCACIÓN

Educación remota de emergencia, virtualización e institución   131
  Ana Cravino

Cuestiones de la educación a distancia en tiempos de la   157
internacionalización de la Educación Superior. Reflexiones
y dilemas en la región, en pleno contexto de expansión global
del conocimiento
  Juan Eduardo Roldán

Reflexionando sobre educación y pandemia   175
  Pablo Mariano González

Referencias de los autores   191

Prólogo

A partir del inesperado escenario de pandemia global que ha afectado al mundo entero y que viene provocando una crisis sin precedentes en diversos ámbitos, y, ante el reto que se ha presentado a la educación superior al reconvertirse de manera imprevista a una modalidad virtual, consideramos que es necesario evaluar y debatir cuáles son los desafíos y consecuencias que enfrentan las universidades al adaptarse de manera forzosa a una modalidad de educación a distancia.

En la presente publicación se incluyen una serie de trabajos que constituyen un material de análisis y debate, que intentan ayudar a reflexionar sobre la emergencia educativa que se genera ante este hecho inédito que ha sucedido y que significó, en el ámbito educativo, que la tradicional presencialidad fuera afectada.

Según señalan informes de la CEPAL UNESCO[1], en la esfera de la educación, esta emergencia ha dado lugar al cierre masivo de las actividades presenciales de instituciones educativas en más de 190 países con el fin de evitar la propagación del virus y mitigar su

---

[1] Cepal Unesco, 2020, La educación en tiempos de la pandemia de VCOVI 19 repositorio.cepal.org/

impacto. Según datos de la Organización de las Naciones Unidas para la Educación, la Ciencia y la Cultura (UNESCO), a mediados de mayo de 2020 más de 1.200 millones de estudiantes de todos los niveles de enseñanza, en todo el mundo, habían dejado de tener clases presenciales en la escuela. De ellos, más de 160 millones eran estudiantes de América Latina y el Caribe.

Datos que impactan y que son percibidos casi como increíbles, pero que interpelan a las instituciones educativas. ¿Cómo se enfrenta esta situación, cómo se sigue? Esta crisis tendrá, sin dudas, importantes consecuencias en diversos ámbitos, extrapolando el ámbito sanitario, ha provocado transformaciones en las relaciones interpersonales, en el devenir cotidiano, en las relaciones con los otros, en las instituciones, en el aspecto socioeconómico en general, en el nivel de empleo, en la pobreza, en la salud y, también, en el sistema educativo.

Es la incertidumbre con respecto al presente y con respecto a las perspectivas del futuro cercano y lejano, son los peligros que aparecen en la vida cotidiana y en el contacto con el otro, en las nuevas relaciones distanciadas, en la difusa angustia ante el presente, y ante el día que sigue y en general ante el futuro. En las relaciones virtuales, muchas veces sin rostro, en los nuevos códigos, todos con aforo. Ya no hay un refugio seguro ni pautas compartidas.

En el ámbito de la educación superior nos preguntamos cuál ha sido y será el impacto de la pandemia en el sistema educativo, en los estudiantes, en los docentes, en los conocimientos transmitidos, con la plataforma virtual como punto de encuentro, con la falta del maestro presente y del intercambio con los pares. Nuestro trabajo se ha orientado a explorar las consecuencias que la virtualización forzada e inesperada del sistema de educación superior ha provocado en la institución educativa en sí, y en sus principales actores, alumnos, docentes. Habrá que evaluar cómo impactó este proceso de virtualización de emergencia en la calidad educativa, en los contenidos transmitidos, en la posibilidad de acceso y la permanencia de los alumnos en la universidad y en el desarrollo de la cursada, en el trabajo docente, cómo afectó a los alumnos en su vinculación con la universidad, con los docentes y con sus pares, cuáles han sido los mayores inconvenientes que se han presentado y cuáles las ventajas. ¿Qué huellas deja este camino recorrido desde marzo de 2020 y cómo se transita el camino que sigue?

En nuestras indagaciones surgen varios temas que sacuden a los integrantes de la institución educativa, entre muchos, aparece el aislamiento social y sus consecuencias, las cuestiones financieras y de empleo, la desvinculación del sistema, el acceso a la conectividad a internet como elemento central para seguir conectado con el mundo, con los otros y, en general, la situación de ansiedad relacionada con la pandemia, que todo lo invade. También surge el planteo de la replanificación de los cursos, originalmente pensados para la presencialidad, de una manera distinta en un tiempo récord, la ruptura con la forma tradicional de enseñanza, que interpeló a todos los docentes en un contexto incierto, cómo los docentes también tuvieron que afrontar la tarea de equiparse tecnológicamente y cómo la llamada "Educación Remota de Emergencia" se implementó de manera urgente en los distintos estamentos de la Educación Superior.

En un reciente informe de IESALC Unesco (Unesco, 2020)[2] se utiliza el término *Corona teaching* para definir este proceso de "transformar las clases presenciales a modo virtual, pero sin cambiar el currículum ni la metodología". Los cierres, como medida para contener la pandemia de Covid-19, tuvieron su impacto y las consecuencias generadas por la enseñanza remota de emergencia (Educación Remota de Emergencia) han llevado a un despliegue acelerado de soluciones de educación a distancia para asegurar la continuidad pedagógica. En todo el mundo, el cese temporal de las actividades presenciales de las Instituciones de Educación Superior

---

[2] IESALC (2020) "COVID-19 y Educación Superior: De los efectos inmediatos al día después. Análisis de impactos, respuestas políticas y recomendaciones". UNESCO-IESALC http://www.iesalc.unesco.org/wp-content/uploads/2020/05/COVID-19-ES-130520.pdf, CORONATEACHING ¿SÍNDROME O NUEVA OPORTUNIDAD PARA LA REFLEXIÓN? I/II

ha operado como un enorme disruptor sobre su funcionamiento. El término Corona teaching también se utiliza para referirse a un fenómeno socioeducativo emergente con implicaciones psico-afectivas, tanto en profesores como en estudiantes.

Esta publicación ha reunido algunos aportes de los integrantes de la investigación *"Transformaciones de los sistemas universitarios en América Latina: su adecuación a las tendencias del nuevo escenario internacional, la globalización. Recientes estrategias y modalidades de la virtualización de la educación superior"*, Res. (CS) UBA Nª1739/18, acreditada y financiada por el Programa UBACyT de la UBA, investigación que continua el análisis iniciado hace ya varios años sobre diversas problemáticas de los sistemas de Educación Superior en Argentina y en Latinoamérica. Asimismo, hemos contado con la participación de dos profesores invitados que reflexionan sobre la temática con sus valiosas experiencias docentes.

En la **Primera Parte** de este libro se incluyen una serie de artículos fruto de las Encuestas y Entrevistas en profundidad realizadas por nuestro equipo de investigación Programa Ubacyt (2018/2020/21) y un estudio de casos realizado por el Dr Manuel Alonso.

Con el objetivo de comenzar a obtener información sobre la a temática pandemia y virtualización, hemos realizado un primer relevamiento orientado a indagar acerca de la forma en que docentes y estudiantes universitarios experimentaron las modificaciones que se produjeron a raíz del traslado de la cursada presencial a la virtualidad en el primer cuatrimestre de 2020. Queríamos conocer sus opiniones y ver las cuestiones que adquirían centralidad en este contexto y quedaban planteados para el debate. Hemos indagado sobre temas vinculados a: el cambio imprevisto que obliga a pasar a la virtualización de la Educación Superior, y la posibilidad que sea un fenómeno que llegó para quedarse; cuáles son las ventajas y /o desventajas de esta virtualización de la Educación Superior; qué modalidades adopta la educación universitaria virtual; cómo impacta en la problemática de la equidad educativa; y en la calidad educativa; cómo afecta a los docentes y a su labor, y cómo lo perciben los estudiantes; qué consecuencias trae en los alumnos y en los docentes y en el proceso de aprendizaje; qué problemáticas surgieron centralmente de la mano de la virtualización forzosa; cuáles son las perspectivas futuras.

En estos artículos participaron: Andrés Mombrú, planteando la "Introducción" de los trabajos; Alicia Iriarte en "Virtualización en la Educación Superior. Impacto y opiniones"; Marina Rango en "Encuestas a estudiantes universitarios, mientras que Juan Roldán hace su aporte en "Impacto de la virtualización en los últimos años de la enseñanza media" y Ana Cravino en "Entrevistas en profundidad. Informe preliminar.

Este análisis se complementa con una indagación posterior donde se utilizan técnicas cualitativas, en este caso con la administración de entrevistas en profundidad a docentes universitarios, donde se bucearon los temas que ya surgieron en las encuestas y donde aparecieron, gracias a las opiniones de los docentes, nuevas y más profundas temáticas vinculadas a esta experiencia y sus consecuencias, que, al momento de las entrevistas, ya transitaba el segundo cuatrimestre del 2020. Los resultados obtenidos quedan plasmados en el trabajo "El proceso de virtualización forzosa: Una mirada a partir de las opiniones de docentes. Entre oportunidades y amenazas", presentado por Alicia Iriarte, Ana Cravino, y Marina Rango

En "2020, El año en que la enseñanza se virtualizó: Un estudio de casos" el profesor titular de Biología y de Biología e Introducción a la Biología Celular del CBC, Manuel Alonso, nos brinda un muy interesante aporte sobre su experiencia en algunos aspectos tecnológicos y didácticos relacionados con la implementación de los recursos que posibilitaron adaptarse al nuevo entorno de enseñanza, y los satisfactorios resultados obtenidos en el difícil contexto que la pandemia impuso. Asimismo incluye un análisis comparativo 2019-2020 sobre algunas variables tales como nivel de deserción en ambos años, estudiantes que lograron regularizar las asignaturas, estudiantes que lograron llegar a rendir el examen final, entre otros.

En la **Segunda Parte** reunimos relevantes trabajos que reflexionan, desde distintos puntos de vista, sobre la problemática de la pandemia, la incorporación de la modalidad virtual y su impacto en a educación superior

El trabajo de Ana Cravino "Educación remota de emergencia, virtualización e institución", explora sobre el tema Pandemia y "Educación Remota de Emergencia", aportando elementos que señalan cómo ante lo inaudito de la situación, esta modalidad se implementó de manera urgente en los distintos estamentos de la Educación Superior, siendo una adaptación de los sistemas educativos para seguir dictando clase en situaciones de confinamientos o restricciones. También se precisan conceptos tales como Educación a distancia, Educación en línea, Educación virtual y Educación Remota de Emergencia, advirtiendo que la Universidad pareciera quedar reducida con este modelo a ser la proveedora de un servicio de delivery educativo.

El artículo "Cuestiones de la educación a distancia en tiempos de la internacionalización de la Educación Superior. Reflexiones y dilemas en la región, en pleno contexto de expansión global del conocimiento.", de Juan Eduardo Roldán, aborda el tema de la educación a distancia en tiempos de la internacionalización, como así también sus desafíos y limites en el contexto de producción global del conocimiento. Analiza los vínculos entre estudiantes locales y extranjeros con los docentes en un proceso de transferencia de enseñanza –aprendizaje en tiempos de la innovación tecnológica– y la aplicación de las mismas en la enseñanza, analizando en esta línea las ventajas y desventajas de la nueva modalidad de educación virtual.

Por su parte, Pablo Mariano González en su trabajo "Reflexionando sobre educación y pandemia», explora algunos aspectos derivados de la pandemia que han incidido en los sistemas educativos, particularmente en Argentina, reflexionando sobre los modos que garantizan la puesta en marcha, sostenimiento y acceso a las propuestas pedagógicas y vínculos derivados del proceso educativo, planteando, además cómo la Educación ha pasado a estar en el centro de la escena pública y política y analizando el impacto que ha tenido en la jornada escolar, los docentes y los derechos laborales.

Para terminar, ante un escenario que centellea aún contra la oscuridad de una pandemia que todo lo empaña es nuestro deseo que los textos contenidos en este libro nos convoquen y colaboren a la reflexión, al pensamiento crítico, y al análisis de la difícil situación que habrá que seguir atravesando quizá con nuevas estrategias. Sin soslayar, temas que se vienen deslizando, en las últimas décadas, por los difíciles andariveles de un nuevo paradigma de universidad, con procesos de transnacionalización en la región, y donde la devaluación de la educación superior como bien público y como derecho ciudadano entra en juego.

Dra. Alicia Iriarte
Agosto 2021

PARTE I

Analizando el impacto de la pandemia: virtualización y educación

El proceso de virtualización forzoso del sistema universitario. Luces y sombras detrás de la pandemia[3]

Ante el escenario de pandemia y la necesidad de distanciamiento que impidió el normal funcionamiento de las instituciones educativas la educación virtual se expandió notoriamente en 2020, en la mayoría de los países; y también en la Argentina. Por otra parte, distintas instituciones internacionales, salieron en búsqueda de un "mercado" de estudiantes ofreciéndoles diversos programas de educación virtual. El panorama que presentó la pandemia y la virtualización de le educación superior impactó sobre la enseñanza universitaria, así como en muchas otras esferas, que tuvo que reacomodarse a este nuevo escenario con resultados aún inciertos. La tradicional "presencialidad" se vio interpelada ante este inusual contexto.

Ante el reto que se ha presentado a la educación superior al reconvertirse de manera inesperada a esta modalidad virtual, consideramos que es necesario evaluar y debatir cuáles son los desafíos que enfrentan las universidades al adaptarse de manera forzosa a la modalidad de educación a distancia, impulsada por el contexto

---

[3] La versión preliminar de este artículo fue publicado en la *Revista Perspectivas Metodológicas*, publicación continua, 05/12/2020. UNLA, Bs. As., Argentina.

del Aislamiento Social Preventivo y Obligatorio ante la pandemia de Covid-19.

A partir de este escenario, en 2020 nuestro grupo de investigación Programa Ubacyt (2018/2020/21) proyecto *Transformaciones de los Sistemas universitarios en América Latina: Su adecuación a las tendencias del nuevo escenario internacional y la globalización. Recientes estrategias y modalidades de la virtualización de la educación superior* (Dir. Dra. Alicia Iriarte, Cod. Dr. Andrés Mombrú), desarrolló un estudio del tema a través de encuestas y entrevistas a alumnos y docentes universitarios

Posteriormente se organizó un panel para reunir opiniones de especialistas y analizar esta temática. El mismo fue transmitido el 1/10/2020 por la plataforma de la Facultad de Ciencias Sociales de la UBA. sala Ci sco webEx, siendo sus expositores: Javier Hermo, Pablo Torres, Manuel Alonso, Ana Cravino, Alicia Iriarte y Marina Rango

El presente artículo reúne cuestiones que surgen del trabajo de campo realizado en el primer cuatrimestre del 2020, del que se exponen los resultados.

Introducción

Andrés Mombrú

Un hecho global sacudió al mundo en todas sus dimensiones entre fines de 2019 y comienzos de 2020. Lo que en principio se pensó como una amenaza regional, rápidamente se convirtió en una catástrofe universal, la pandemia de COVID-19. Nadie pensaba que no solamente los aspectos macroeconómicos, sino también las prácticas sociales y culturales, la vida cotidiana, sería conmovida del modo en que ocurrió. Políticas de Aislamiento Social y Preventivo Obligatorio –de diferente alcance–, se instalaron en todo el planeta, en contextos económicos y sociales muy diferentes. En ningún lugar todos los niveles de educación dejaron de ser afectados. En nuestro país, de un día para otro, se decretó una forma de asilamiento que nos enfrentó a adoptar estrategias para las que no estábamos preparados.

Dentro de los procesos de enseñanza aprendizaje, la educación a distancia no es nueva. Ya, a fines del siglo XIX habían comenzado a difundirse los cursos por correspondencia, y, a mediados del siglo XX se sumaron de modo complementario otros recursos multimediales, primero con la expansión de la radio y con la televisión después. Pero, el gran salto se da con las TIC (Tecnologías de la Información y la Comunicación) que se encuentra entre nosotros a partir de finales de la década de los ochenta. En ese contexto, el gran desarrollo de Internet permitió un salto cualitativo y cuantitativo enorme en la educación a distancia. Sin embargo, el predominio de las estrategias pedagógicas seguía radicado en las formas tradicionales de educación, que se dieron a partir del siglo XIX y que tenían como propósito una educación masiva para dar satisfacción a los requerimientos del desarrollo capitalista.

Esa modalidad que teníamos naturalizada, que hoy llamamos "presencialidad", es la que fue afectada de un día para otro. En los últimos treinta años el predominio hegemónico en las formas de educación seguía en manos de esa estrategia tradicional, y las TIC –a pesar de su gran desarrollo– se presentaban como un recurso meramente complementario. En nuestro medio, dentro del grueso de los maestros y profesores, sólo grupos muy reducidos estaban familiarizados con el manejo de las TIC. Los cursos, o incluso carreras, o complejos universitarios completos, que habían adoptado la modalidad a distancia lo hacían a partir de una interacción en línea (on-line) por medio de los denominados "campus virtuales" y "aulas virtuales". El uso de estas herramientas muestra diferencias en su aplicación muy sustantivas de un país a otro y de una región o localidad a otra de un país, tanto es sus usos a distancia como en lo que refiere a apoyo a la presencialidad. En nuestro medio, lo que era patrimonio de muy pocas instituciones y restringido a pocos sectores, en países del primer mundo era y es moneda cotidiana; cada estudiante con su notebook, pizarras interactivas, actividades en línea dentro del aula, etc. El grueso de la población educativa seguía en el contexto de la presencialidad como lo veía haciendo desde hacía más de cien años.

¿Y qué de la educación a través de los "campus" y de las "aulas virtuales"? La moneda corriente ha sido –desde hace varias décadas– el uso de plataformas con recursos "moodle" (Sistema de Administración de Cursos) o similares. Entre sus recursos se cuentan: repositorio e intercambio de archivos, etiquetas de comunicación, páginas de navegación, tareas programadas autoadministradas, sistemas de corrección automático, vínculos de URL (Uniform Resource Locator

/ Localizador de Recursos Uniforme) y varias otras. Sin embargo, el potencial de esos recursos ha sido muy poco usado por buena parte de los docentes, que se han limitado al uso del campus virtual como una forma de sustitución de la fotocopiadora vecina, pese a los ingentes esfuerzos de los campus virtuales universitarios. En este sentido se puede decir que el uso del campus es análogo al uso que muchos hacen de procesadores de texto como Word y otros similares, los usan como antes usaban las máquinas de escribir mecánicas o eléctricas.

Tan bien es bueno señalar, que esos valiosos recursos de las aulas virtuales –para cuyo uso la mayoría de los docentes universitarios carece de conocimiento o posee conocimientos rudimentarios- tampoco incluían modalidades de Streaming –transmisión en directo, o descarga continua de contenidos audiovisuales y menos con posibilidades interactivas–, el recurso interactivo ordinario era, y es, el Foro, o los servicios de mensajerías de las aulas, en los que los estudiantes presentaban sus dudas o consultas y luego el profesor respondía, el chat que permite la comunicación persona a persona o en grupo, una tecnología presente en la telefonía celular desde hace cerca de veinte años.

Plataformas como "Hangouts" de mensajería se remontan a 2013, pero servicios del tipo "meet", como "Google", "Jitsi", "Zoom" y muchas otras son bastante más recientes, entre tres y cuatro años. Esto servicios comenzaron siendo usados por empresas con fines de gestión, coordinación y administración. Para conferencias virtuales de directorios de empresas, para gerenciamiento y administración como modo de coordinar acciones y maximización de tiempos. Como se advierte hasta hace pocos meses eran plataformas dirigidas a satisfacer necesidades del empresariado. Pero en cuestión de días se transformó en la infraestructura de cursos a distancia en todos los niveles educativos y de encuentros sociales que permitirán paliar el confinamiento que imponía la pandemia.

Aulas virtuales y plataformas "meet", se convirtieron en el sustituto forzoso de la presencialidad. De pronto, lo que no se había hecho en veinte o treinta años a nivel educativo, había que hacerlo en contadas semanas para garantizar una continuidad educativa, sin una comunidad educativa en la que ni estudiantes ni docentes estaban preparados para encarar. Había que poner en movimiento unas estrategias educativas para las que muy pocos estaban preparados y unos recursos informáticos, administrativos, educativos inexistentes. Inmediatamente se implementaron campus virtuales, aulas virtuales, sistemas de inscripción a distancia, cursos de capacitación para docentes y se dio, en principio, la libertad para que su utilizaran recursos extra institucionales para aquellos *avanzados* que dispusieran de ellos. Cosa impensada en la presencialidad, ya que a ningún docente le estaría permitido, sin permiso expreso y excepcional, tomar a sus estudiantes y darles clase fuera los claustros. Todo este proceso se dio con una heterogeneidad enorme en relación a recursos materiales e intelectuales, tanto entre docentes como entre estudiantes. Lo que más se advirtió fue una falta de recursos informáticos, una cultura tecnológica que en muchos casos había sustituido la computadora o la notebook por el teléfono celular, o que directamente había pasado de aquellas, una calidad de conectividad tremendamente dispar, pero además muy deficitaria en general. Y, por si fuera poco, un enorme porcentaje de analfabetos digitales entre docentes y estudiantes, pues los usos y costumbres de la utilización de los recursos digitales con fines educativos difieren sustantivamente de aquellos que los jóvenes suelen usar: redes sociales, espectáculos on-line, música y series o películas por Internet.

El hecho es que, de la noche a la mañana quién no estaba haciendo "home-office", estaba dando clase o tomando clase, o llevando adelante alguna conferencia o espectáculo por streaming, o subiendo y bajando videos a youtube.

¿Qué pasó con las "aulas virtuales" y con todos sus recursos y estrategias pedagógico didácticas? En su mayoría siguieron siendo ignoradas, utilizadas como repositorios de documentos, como sala de chat y como medio de tomar exámenes escritos y de poner notas, nada más. Sólo aquellos que venían usando los recursos de las aulas virtuales pudieron sacarle mayor provecho, pero, como se ha dicho, una minoría.

¿Quiénes se presentaron como *estrellas* de la virtualidad? Las plataformas "meet". El término "meet" del inglés significa "reunión". Es verdad que los docentes y los estudiantes se reúnen, pero una clase es bastante más que una reunión, plantea unas dinámicas que se definen por estrategias pedagógico didácticas que habían cambiado de soporte. Y todo fue "meet; "meet" para dar o tomar clase, "meet" para reuniones de cátedra, "meet" para gestión de actividades educativas, "meet" para continuar con las investigaciones. Miles de millones de usuarios se sumaron de la noche a la mañana y dieron a ganar millones y millones de dólares a muchas empresas que, previo a la pandemia, tenían un mercado mucho más reducido. Esto generó un grave problema, lo que la mayoría de la comunidad educativa entendió por "educación virtual" o "virtualización de la educación", lejos está de las concepciones y recursos pedagógico didácticos de los campus y las aulas virtuales. Lo que se produjo fue la sustitución de la presencia en el aula por la presencia frente a la pantalla del celular en la mayoría de los casos y de las computadoras de escritorio o las notebooks en menor medida.

Todos estos acontecimientos están en desarrollo, recién en algunos años podremos apreciar el efecto del impacto de esta virtualización forzosa y de las secuelas que dejará. Lo que sí es cierto es que, en el mientras tanto, cientos de voces se expresan en los medios masivos de comunicación, en la prensa, en las redes sociales y que imprimen en esos públicos visiones que surgen de sus afinidades ideológicas, de sus intereses económicos, o políticos; o simplemente de su ignorancia. La gran mayoría son expresiones vertidas por periodistas, políticos, "vedettes", "celebryties", "influencers", pero casi no se escuchan voces de pedagogos, educadores, especialistas. Tan sensibles temas requieren de una mirada respaldada en conceptos con sostén argumental y que no se limiten a meras especulaciones o meras "opiniones", sino que se apoyen en investigaciones que cumpla con los recaudos de *bajar* al campo y registrar que es lo que allí sucede y como se lo puede entender desde perspectivas inter-trans y multidisciplinarias.

El presente artículo es un relevamiento preliminar de nuestra investigación en curso, pero tiene como antecedente otras investigaciones, de las cuales han surgido estudios que se han publicado en varios libros y artículos y que continuará en las etapas que le quedan por recorrer. Su intención es llevar adelante una investigación responsable, que alumbrare, a través de nuevas publicaciones, un estudio que tienen el propósito de compartir con la comunidad educativa las reflexiones y los resultados de un trabajo que es de sumo interés para evaluar temas tan determinantes y complejos como los que afectan a nuestras prácticas docentes y a la formación de cientos de miles de estudiantes en nuestro país y en todo el mundo.

• Virtualización en la Educación Superior. Impacto y opiniones

Alicia Iriarte

En el contexto de la pandemia por covid-19, el sistema educativo en general, y el universitario, que nos interesa a los fines de nuestro estudio en particular, se ha visto forzado a encarar la virtualización de las instancias presenciales de formación, con una planificación que debió darse sobre la marcha y ante la incertidumbre general sobre el devenir de la pandemia. El impacto de este proceso sobre diferentes dimensiones y actores del sistema de educación superior (calidad formativa, accesibilidad, transmisión de conocimientos, la demanda y oferta académica, etc.) tanto en lo inmediato, como a mediano y largo plazo, constituye un asunto de interés a fin de comprender y evaluar la experiencia atravesada y sus resultados, y para orientar las decisiones y acciones futuras.

Ante la inevitable reconversión sin escalas hacia la virtualización, traccionada por el contexto de pandemia y aislamiento social, habrá que analizar cuáles son las problemáticas centrales, que enfrentan las universidades y cuáles son los nuevos desafíos que surgen a partir de esta modalidad.

En el marco del proyecto de investigación UBACyT *Transformaciones de los Sistemas universitarios en América Latina: Su adecuación a las tendencias del nuevo escenario internacional y la globalización*.

Recientes estrategias y modalidades de la virtualización de la educación superior (Dir. Dra. Alicia Iriarte, Cod. Andrés Mombrú), nos formulamos varias preguntas sobre estos temas, por ejemplo:

> ¿La virtualización de la Educación Superior, es un fenómeno que vino para quedarse?
> ¿Cuáles son las ventajas y/o desventajas de esta virtualización en la Educación Superior?
> ¿Qué modalidades y particularidades adopta esta educación universitaria virtual?
> ¿Cómo impacta en la problemática de la equidad educativa? ¿Y en la calidad educativa?
> ¿Cómo afecta a los docentes y a los estudiantes?
> ¿Qué consecuencias trae en los estudiantes, en la labor de los docentes y en el proceso de aprendizaje?
> ¿Qué problemáticas surgieron centralmente de la mano de la virtualización forzosa?
> ¿Qué expectativas se generan respecto a la virtualización?

La Encuesta. Con el objetivo de poder tener alguna información sobre esta temática hemos realizado un primer relevamiento de información acerca de la forma en que docentes y estudiantes universitarios experimentaron las modificaciones que se produjeron a raíz del traslado de la cursada presencial a la virtualidad en el primer cuatrimestre de 2020. Queríamos conocer sus opiniones y ver qué temas adquirían centralidad y quedaban planteados para el debate.

Para ello aplicamos una encuesta anónima de la que participaron voluntariamente 479 estudiantes universitarios, y estudiantes del último año de la escuela media, y 67 docentes, de grado y posgrado, que en gran parte pertenecen al CBC de la UBA y a otras universidades. Estas encuestas se administraron en 30 comisiones a cargo de los docentes investigadores y de otros docentes de distintas materias que colaboraron con el trabajo; la mayor parte, de la Sede Paternal, Avellaneda y Ciudad Universitaria del CBC. Hay que considerar que, al momento del desarrollo de la encuesta, el desgranamiento, el inicial de los alumnos más el que responde a la cursada bajo esta modalidad, había sido relativamente alto. Se quiere destacar que de los alumnos que continuaron la cursada, casi en su mayoría respondieron la encuesta. Si bien, resta de ser representativa de todos los cursos y docentes del CBC, nos brinda al momento una información importante, tanto para empezar a reflexionar sobre el tema como para orientar una indagación posterior de mayor alcance, replicando las mismas entre otros docentes y cursos, en otros cuatrimestres, como para tener un primer panorama de las experiencias.

Por otro lado, este análisis se ha complementado con la utilización de técnicas cualitativas, en este caso con la administración de entrevistas en profundidad a docentes universitarios, donde se indagaron los temas que ya surgieron en las encuestas y donde surgieron nuevas y más profundas temáticas vinculadas a esta experiencia que, al momento de las entrevistas ya transitaba el segundo cuatrimestre del 2020. El material obtenido con las entrevistas enriquece y profundiza notablemente la exploración del tema con las opiniones de los docentes sobre su experiencia acerca de esta modalidad y sus consecuencias.

Encuestas a docentes universitarios

Algunos datos sobre los docentes encuestados. Con respecto a los docentes que contestaron la encuesta, podemos brindar algunos datos generales sobre los mismos. Se puede destacar el *alto nivel de su formación*; en tanto el 42% de ellos tiene formación de doctorado, cifra que asciende al 75% si se contabiliza la formación de posgrado incorporando maestrías (completas e incompletas), y se suma un 12% más si se cuentan las especializaciones (completas e incompletas). Como puede apreciarse en el siguiente gráfico:

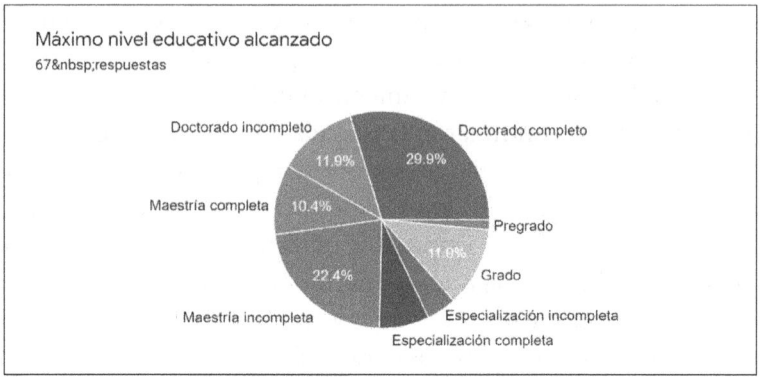

Gráfico N°1

En relación a los cargos que ocupan (en su gran mayoría en universidades públicas, van desde ayudantes (de primera un 52%) hasta titulares (22,4%), con una antigüedad docente que supera los 11 años en el 64,2% de los casos.

Los docentes encuestados se desempeñan en una variedad de materias de diversas áreas, tales como Introducción al Conocimiento de la Sociedad y el Estado, Biología, Sociología, Metodología, Filosofía, IPC (introducción al Pensamiento Científico), Epistemología, Antropología, Química, Morfología, Proyectual, y Estadística.

A través de las respuestas obtenidas podemos conocer su opinión sobre la experiencia de la virtualización en la universidad en el año 2020.

Temáticas indagadas

A continuación brindamos un primer informe sobre los temas indagados y las respuestas obtenidas.

a. Principales problemáticas que incidieron en la labor docente en el proceso de virtualización de sus clases presenciales del corriente año.

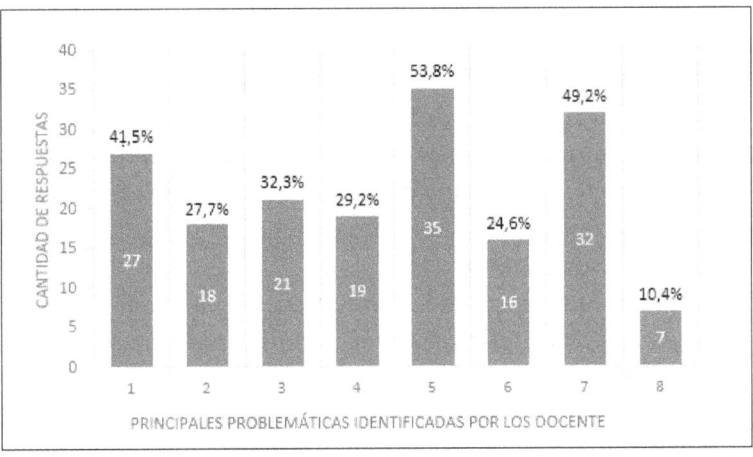

Gráfico N° 2.

Referencias
• La planificación de las estrategias didácticas y pedagógicas en la nueva modalidad (foros, cuestionarios, chats, técnicas de aprendizaje colaborativo, etc.).
• El uso de esas herramientas y recursos TICs aplicadas a la enseñanza en el campus.
• La planificación e implementación de un sistema de evaluación distinto del habitualmente usado en la presencialidad.
• La necesidad de modificación del trabajo en equipo en la cátedra.
• Las posibilidades de comunicación e interacción con los estudiantes.
• El dictado de clases
• La falta de un marco normativo adecuado para preservar a docentes y estudiantes en el uso de medios tecnológicos para el dictado de clases ausentes en la plataforma institucional (videoconferencias por Zoom, Meet, etc.).
• Otra.

Es interesante marcar que en esta respuesta:

• **Casi la mitad, 53,8%**, se refirió en problemáticas que incidieron en la labor docente al tema de *"Las posibilidades de comunicación e interacción con los estudiantes"*.

- Mientras que también cerca de la mitad –el **49,2%**– apuntó a *"La falta de un marco normativo adecuado para preservar a docentes y estudiantes en el uso de medios tecnológicos para el dictado de clases, ausentes en la plataforma institucional (videoconferencias por Zoom, Meet, etc.)"*.
- Asimismo, **el 41,5%** de ellos se refirió al tema de la *"La planificación de las estrategias didácticas y pedagógicas en la nueva modalidad (foros, cuestionarios, chats, técnicas de aprendizaje colaborativo, etc.)"* como una de las problemáticas en esta modalidad y planteó que fue **un nuevo desafío** para ellos y que aprendieron sobre nuevos recursos
- También fue mencionado por un **29,2%** el tema de la *necesidad de modificación del trabajo en equipo en la cátedra*, así como un **32,3%** se refiere a la *planificación e implementación de un sistema de evaluación distinto del habitualmente usado en la presencialidad.*

Algunos afirmaron que hubo en general *poca consideración hacia los docentes*, que se trabajó en el rearmado de clases por el mismo salario, mientras *que se utilizaron dispositivos electrónicos propios, lo que insume gastos, y gastos de reparación* (también hubo quien mencionó el haber tenido que comprar nuevos dispositivos). Además, se mencionó que no se financió el uso del internet para los docentes, por lo que consideran que *la virtualización corrió a cargo del docente* y hubo una manera velada de **precarización del trabajo.**

b. **Evaluación que hacían los docentes en relación a modificaciones efectuadas en su forma de trabajar**
   En cuanto a la **evaluación de los cambios en la modalidad de trabajo**, se consultó acerca de seis aspectos vinculados;
   - El **tiempo** dedicado a la **planificación de clases**: aquí el **59,7%** de ellos afirmó que *el mismo se incrementó considerablemente* mientras que un **34,3%** sostuvo que lo hizo un poco.

- En cuanto al tiempo dedicado al **dictado de clases:** para el 31,3% el tiempo dedicado se mantuvo igual, aunque el **44,7%** opinó que *se incrementó un poco o considerablemente* y sólo para el 17,9% se redujo un poco.
- En relación al tiempo dedicado **a las consultas e interacción con estudiantes:** el **64,1%** entiende que *se incrementó* (mientras que un 35,8% considerablemente y 28,3% un poco).
- En la **calidad obtenida en la transmisión de los contenidos de la materia:** para el **47,7%** *se mantuvo igual*, pero para el 34,3% se redujo un poco o considerablemente.
- **En la calidad que lograron en la comunicación e interacción con estudiantes:** el 34,3% piensa que *se redujo un poco*, para el **31,3%** *se redujo considerablemente*, o sea que, para cerca del 70% se redujo la calidad de la comunicación, mientras que para el 26,9% se mantuvo igual.
- En relación a la **evaluación de la materia**, el 41,8% opinan que *la calidad se redujo un poco*, mientras que para el 19,4% se redujo considerablemente, sólo para el 26,9% se mantuvo igual.
- En cuanto a la **calidad obtenida en la transmisión del conocimiento**, una parte señala que se mantuvo igual, y mayoritariamente que se redujo. Lo mismo opinan sobre la **calidad en la evaluación**, aunque en general piensan que se redujo un poco la calidad en las evaluaciones o se redujo considerablemente.

Estos aspectos se ven reflejados en el Grafico N° 3 (ver en página siguiente).

c. **El impacto en la calidad educativa**
También se preguntó la **opinión sobre cómo impacta el actual proceso de virtualización en la calidad educativa.**

(Ver Gráfico N° 4, siguiente página)

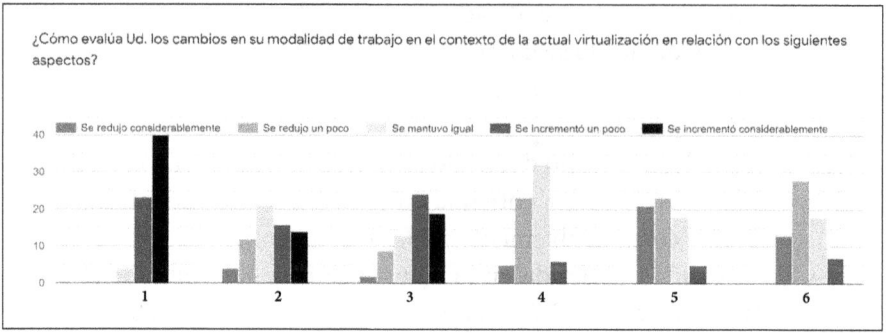

Gráfico N° 3.

Referencias
1. Tiempo dedicado a la planificación de clases
2. Tiempo dedicado al dictado de clases
3. Tiempo dedicado a las consultas e interacción con estudiantes
4. Calidad obtenida en la transmisión de los contenidos de la materia
5. Calidad de la comunicación e interacción con estudiantes
6. Calidad de la evaluación de la materia

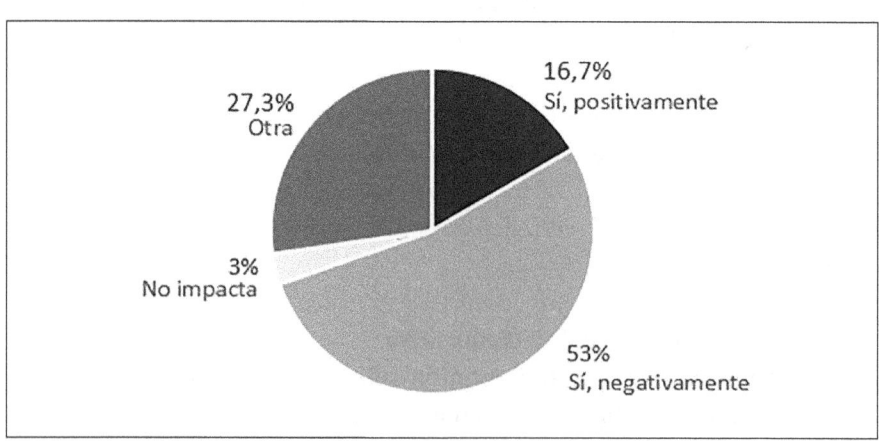

Gráfico N° 4.

Al momento de evaluar el impacto de esta modalidad virtual en el primer cuatrimestre sobre calidad educativa:
- El **53%** entiende que *esta modalidad impactó sobre la calidad educativa negativamente*, un 16,7% considera que fue positivo. Algunas respuestas se refirieron a que *no podrían estimarlo*, ya que encuentran aspectos positivos, como tener a disposición herramientas virtuales de consulta e integrarlas a la clase. Pero también hay un *empobrecimiento del intercambio* y del diálogo informal con alumnos, aspecto que de por sí enriquece el proceso de enseñanza.

  También opinaron que *es temprano para esta evaluación*. Afirman que hay situaciones en las que ha mejorado como en el *postgrado* (mayor participación y presencia). Sin embargo, en el *grado* hay una mayor deserción por problemas de conectividad y vocacionales.
- Otros señalaron que tiene *muchas desventajas*, pero también *abre nuevas posibilidades*. Señalaron que muchas quedarán ya instaladas. Y plantearon que habría que ver con el tiempo como se equilibra.

  Esto se condice con la *percepción que manifiestan sobre comprensión de los contenidos* de la materia por parte de los estudiantes, donde el 62,7% considera que fue menor que en la presencialidad.

d. Acceso, permanencia y participación de los estudiantes

Al indagar si creían que **este proceso de virtualización impacta en la posibilidad de acceso y permanencia de los alumnos a los cursos de la universidad:**
- El **67,2%** considera que *el impacto en relación a permanencia y participación de los estudiantes fue negativo*. También señalaron que creían que era un poco pronto para saber cómo va impactar el proceso, y que también dependía de que los estudiantes cuenten con las herramientas tecnológicas necesarias.
- También se opinó que en lo que hace a la permanencia no se observa, hasta el momento, que *la virtualización haya generado una deserción superior* a la que se registraba en la presencialidad.

- Otros marcaron que es **positivo** porque *los alumnos no deben trasladarse a la ciudad* donde está la Universidad, y es **negativo** porque *la contención docente, aunque esforzada, es menor.*
- Otros docentes opinan que aún es temprano para realizar evaluaciones acerca de la calidad formativa en sus diferentes aspectos.

e. **Evolución del nivel de participación de los estudiantes**
Al consultar sobre **cómo evolucionó el nivel de participación de los estudiantes a lo largo del cuatrimestre en los distintos recursos** de enseñanza virtual que implementó (foros, chats, clases online, etc.), señalaron que:
- El nivel de *participación de los estudiantes por los medios virtuales fue visto en disminución por casi la mitad de los docentes* –el **44,8% de los docentes**
- mientras que un 34,3% entiende que se mantuvo constante y un 17,9% que aumentó.

f. **Valoración sobe el desempeño institucional y la virtualización**
Se preguntó también sobre **cómo evaluaban el desempeño institucional general ante el contexto de Aislamiento Social Preventivo y Obligatorio en cuanto a...:**
- *Planificación de acciones para afrontar el nuevo contexto*
- *Comunicación de decisiones a la comunidad educativa*
- *Acompañamiento al docente en materia de uso de recursos TIC*

- En lo que respecta a aspectos del **desempeño institucional**, aquí la valoración coincide en gran parte en que la Planificación de acciones para afrontar el nuevo contexto *fue valorada como regular-mala el 61%.*
- En la **comunicación de decisiones a la comunidad educativa** el *65% considera que fue mala y muy mala.*
- Y con respecto al **acompañamiento al docente** en materia de uso de recursos TIC, *el 80% la evalúa como muy mala a regular.*

Estos resultados pueden apreciarse en el siguiente gráfico:

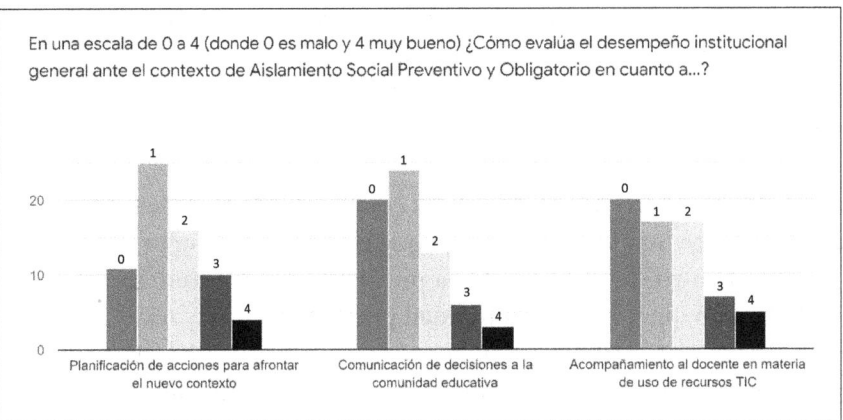

Gráfico N° 5

Referencias:
Escala de 0 a 4, donde 0 es muy mal, 1 mal, 2, regular, 3 bueno y 4 muy bueno.

g. **Expectativas sobre el futuro de la virtualización**
- Al indagar sobre las **expectativas sobre el futuro dictado de clases, en la pospandemia**, es interesante ver que gran parte de ellos opinan –el **64,2%**– que *propondrían una modalidad mixta (virtual-presencial)*.
- También señalan que mientras estemos en riesgo de enfermar por COVID no puede volverse a la presencialidad. Pero en cuanto se pueda por cuestiones sanitarias, es necesario volver a esa modalidad.
- Una parte de ellos –**26,9%**– opina que *sería mejor volver a la presencialidad*.

h. **Conocimiento y manejo de tecnología para el dictado de cursos virtuales**
En cuanto a su conocimiento y manejo de tecnología relacionada al dictado de cursos virtuales:

- el **80,6%** *se autopercibe como capacitado para el dictado de clases en forma virtual*, mientras que sólo el 19,4% manifestó necesitar asesoramiento y capacitación para continuar el dictado bajo esta modalidad.

i. **Nivel de la comprensión de los contenidos de la materia**
Al preguntar si **consideraban que el nivel de la comprensión de los contenidos de la materia por parte de los estudiantes es el mismo que con una modalidad presencial, la mayoría:**
- La mayoría –**62,7%**– *opinan que es menor* y el 23,9% que el nivel de comprensión es el mismo, o que es muy pronto para evaluarlo, o incluso que cambiaron los contenidos.

j. **Evaluación general de la cursada**
Finalmente, en cuanto a la **evaluación general de la cursada,**
- El **56,7%** de los docentes *considera que fue dificultosa y exigió un gran esfuerzo, pero, aun así, se logró bastante.*
- Y un 14% que fue dificultosa pero no se logró demasiado. Otros señalaron que requirió un gran esfuerzo, pero aún no se podían evaluar los resultados.
- Algunos señalan que se requirió la *utilización de recursos personales* para poder llevar la cursada y que hubo *un gran esfuerzo conjunto* (docentes y estudiantes) y otros señalan que aún no hay manera de medir los resultados.
- También *opinan que fue desafiante*, y al mismo tiempo contribuyó a cohesionar aún más al equipo docente. Hubo *gran compromiso por parte de docentes y estudiantes* por sacar adelante la cursada y fue de gran interés y aprendizaje.

Todos los aspectos indagados en estas encuestas a los docentes se complementan con las opiniones recogidas en las encuestas realizadas a los estudiantes y, posteriormente, con las entrevistas en profundidad administradas a los docentes, lo que nos permite obtener una primera aproximación al panorama de la institución universitarias desde las voces de sus principales actores y desde los que han transitado el súbito cambio de una modalidad presencial a una virtual, enorme desafío que aún deberá ser evaluado, en un contexto de crisis e incertidumbre.

De todos modos, para profundizar el análisis es interesante poder replicar estos cuestionarios, ajustando preguntas y temas a indagar, en este 2021 donde se continúa con esta modalidad virtual, tratando de detectar en cuánto se han adaptado docentes y alumnos a la misma y qué propuestas, perspectivas y consecuencias surgen respecto a estrategias a seguir en el futuro.

Encuestas a estudiantes universitarios
Marina Rango

Características generales de los estudiantes

Con respecto a las principales características de los estudiantes que respondieron la encuesta podemos señalar que:

- Casi el 75% son mujeres.
- Aproximadamente el 45% tiene 18 años, y la gran mayoría (casi el 86%) no tiene más de 25 años de edad.
- El 75% de los encuestados *ingresó en 2020*. Esto se condice con la cantidad que manifestó estar **cursando por primera vez en la universidad**.
- Para la gran mayoría, el 85%, esta es **la primera vez que cursan en forma virtual**.

En relación con las **carreras que cursan**, puede decirse que hay una gran diversidad. Principalmente, Psicología, Medicina y Ciencias Veterinarias, pero también se presentan otras carreras como las de Cs. Económicas (Administración de Empresas, Contador Público, Actuario, Licenciatura en Sistemas, etc.), otras profesiones del campo de la salud (Kinesiología y Fisiatría, Nutrición, Enfermería, Odontología,

Cosmetología, Musicoterapia, Terapia Ocupacional, etc.), de carreras de diseño (Diseño Gráfico, Industrial, Textil y de Indumentaria), de Licenciatura en Comunicación y Periodismo, y de las Maestrías en Investigación Científica y en Metodología.

Por otra parte, la característica de la UBA de recibir estudiantes de distintos puntos del país y del exterior también se hace presente, con una gran diversidad de **lugares de procedencia** de los estudiantes. No solamente vienen de CABA, sino de distintas ciudades del Conurbano (Haedo, La Tablada, Almirante Brown, Banfield, Lomas, Ezeiza, San Justo, Bernal, González Catán, Quilmes, Ciudad Evita, La Matanza, Tres de Febrero, Casanova) y de la Pcia. de Bs. As. (Bahía Blanca, General Villegas, Coronel Suárez, Lobos, Trenque Launquén, Tornquist, 9 de Julio, Necochea). También hay estudiantes de diferentes provincias (Corrientes, Entre Ríos, Santa Cruz, Misiones, Jujuy, Formosa, Tucumán, San Luis, Chaco, Mendoza, Neuquén, etc.) e incluso se registran estudiantes del extranjero (Venezuela, Colombia, Rep. Dominicana, Ecuador, España, Uruguay y E.E.U.U).

Temáticas indagadas

Presentamos a continuación el informe sobre los temas indagados en la encuesta y las respuestas recibidas de los estudiantes.

a. **Cuestiones enfrentadas por los estudiantes al cursar en forma virtual en el actual contexto**

- El **59,3%** indicó el tema relacionado con la organización del *tiempo de estudio y de participación* en contactos virtuales.
- El **56,3%** señaló el manejo de *estrategias de aprendizaje* adecuadas a esta modalidad.
- Contar con los *recursos materiales para sostener su cursada virtual* (dispositivos como pc, notebook o celular, internet, Wifi, impresora, etc.) fue marcado por el **46,8%**,

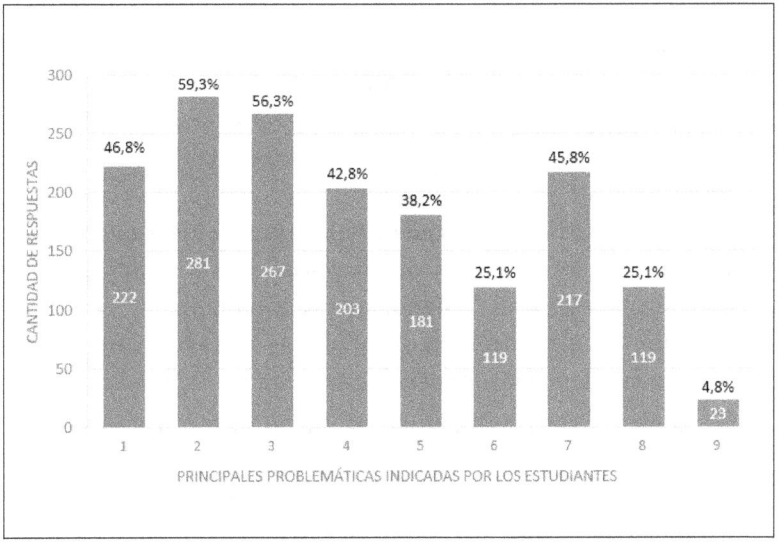

Gráfico N° 6:

¿Qué cuestiones tuvo que enfrentar al cursar en forma virtual en el actual contexto?

Referencias
1. Contar con los recursos materiales para sostener su cursada virtual (dispositivos como pc, notebook o celular, internet, Wifi, impresora, etc.).
2. Organizar el tiempo de estudio y de participación en contactos virtuales.
3. El manejo de estrategias de aprendizaje adecuadas para esta modalidad (elaboración de preguntas en foros o chats, resolución de actividades y guías de lectura, armado de resúmenes, etc.).
4. El conocimiento de entornos virtuales de aprendizaje (campus de la universidad, sitios de videoconferencia como Zoom, Meet, etc.) y manejo de tecnología.
5. Dificultades en la comunicación con los docentes y/o con la universidad (oficina de alumnos, dirección de orientación vocacional, etc.).
6. La posibilidad de comunicación con pares.
7. La interferencia de problemas anímicos ligados a la situación general de pandemia y cuarentena.
8. El impacto de complicaciones económicas ligadas a la situación general de pandemia y cuarentena.
9. Otra.

- Es importante considerar que casi el **46%**, manifestó que tuvo que enfrentar la interferencia de *problemas anímicos* ligados a la situación general de pandemia y cuarentena.
- También fue marcada por un alto porcentaje de estudiantes el *conocimiento de entornos virtuales de aprendizaje* (42,8%) y las *dificultades en la comunicación con los docentes y/o con la universidad* (38,2%).
- En menor medida (25% cada una), la posibilidad de *comunicación con pares* y el impacto de *complicaciones económicas* ligadas a la situación general de pandemia y cuarentena.
- Se recibió un 4,8% de *respuestas abiertas* a esta pregunta. En ellas aparece la referencia a *problemas de salud* y *dificultades con el acceso a los materiales*, así como *expresiones que refuerzan algunas de las categorías antes detalladas* (problemas anímicos y desmotivación, falta de tiempo, desconocimiento de entornos virtuales y manejo de tecnología, complicaciones económicas, problemas de conectividad y carencia de recursos tecnológicos adecuados para la cursada).

Estos aspectos quedan reflejados en el Gráfico Nº 6 (ver en la página anterior).

b. Disponibilidad de recursos tecnológicos para la cursada virtual
Uno de los aspectos seriamente vinculados con las posibilidades de accesibilidad, participación y permanencia de los estudiantes a la cursada virtual es la **ineludible necesidad de contar con recursos tecnológicos asequibles y funcionales** para las demandas de las labores de estudio y aprendizaje que tiene esta modalidad, y el cumplimiento de las instancias evaluativas de cada materia.
Con respecto a la **calidad de su conectividad**;
1. El 82% calificó su *conexión a internet* como de *buen acceso*.
2. El resto expresó, o bien *no tenerlo* o bien contar con *servicios de funcionamiento variable* o que hubo que contratar un servicio de internet para poder seguir las clases.

En cuanto a si **poseen PC o un dispositivo propio o disponible en cualquier horario:**
- El **91%** refirió tener *dispositivo propio.*
- El 6,5% manifestó *no tenerlo.*
- Hay que considerar en este punto que, entre quienes eligieron responder en forma abierta a esta pregunta –3,5%–, aparece la alusión respecto al dispositivo propio, al *uso de celulares*, o *computadoras antiguas* (y, por tanto, *no del todo funcionales*) o la alusión al *uso compartido con la familia.*

Algo que nos parece importante señalar es que resta indagar en ese 91% que dice tener dispositivo propio, *a qué tipo de dispositivo se refieren*, pues *si se trata del celular*, podemos preguntarnos *cuán funcional es para el trabajo en las plataformas, la realización y entrega de actividades y la lectura sostenida.*

c. **Considiones sobre la adquisición de aprendizajes en la presente modalidad de cursada virtual**

Por otro lado, la percepción subjetiva de los estudiantes con respecto a los aprendizajes adquiridos también fue tema de la encuesta.

Se preguntó, por un lado, **¿cómo evalúa la adquisición de aprendizajes durante la experiencia virtual de este cuatrimestre?**

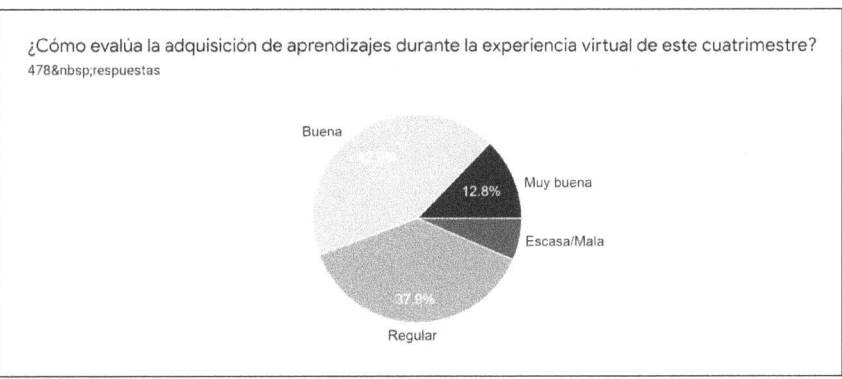

Gráfico N° 7.

- La opinión entre *buena y muy buena* es bastante favorable –suma casi el 56% (el 42,9% opina que fue *buena* y casi un 12,8% que fue *muy buena*)–.
- Para casi el 38% resultó *regular*,
  Así se puede apreciar en el Gráfico N° 7 (ver en la página anterior).
    En cuanto a **¿qué aspectos de la virtualidad le resultan *positivos* para el aprendizaje?**
- El 84,3% de ellos señalaron los *recursos disponibles para acceder en cualquier momento* (PowerPoint, clases grabadas en audio o video, glosarios, respuestas a consultas en foros, etc.).
- Un 65,3% indicó la *posibilidad de administrar su tiempo y organización del estudio*, aunque como veremos en breve, el manejo del tiempo y la organización personal *también fueron vistos como aspectos problemáticos*. Lo que pone de relieve el *lado ambivalente de la auto organización*; por un lado, es una oportunidad para aprovechar en forma productiva el tiempo y demás, pero por otro, hay que aprender a hacerlo correctamente.
- Hubo algunas respuestas abiertas –3,6%– entre las que señalaron, por ejemplo, que, si bien las herramientas virtuales tienen sus límites, resultaba interesante conocer nuevos recursos (algo aprovechable en el futuro laboral) y salir de la zona de confort. También indicaron reiteradamente como positivo, la *buena predisposición de los docentes*, el *no tener gastos económicos por transporte* y el *no tener que viajar durante horas hasta la universidad*, lo que les permitió aprovechar ese tiempo, por ejemplo, para tener horarios más ordenados de alimentación y descanso.
- Sólo el 22,1% eligió los *medios de intercambio con docentes y pares* (por ejemplo, foros y chats).
  Este último dato pone de manifiesto que la interacción con docentes y pares por una *vía únicamente virtual no resultó para los encuestados, un medio mayormente valorado como aporte a su proceso de aprendizaje*. Resta indagar en los principales factores ligados a esto. Si, por ejemplo, se trató de falta de hábito en el uso de estos recursos, problemas en la elección de los mismos como estrategia de

comunicación para cada situación particular de intercambio, o si el problema se encuentra ligado al carácter difícilmente reemplazable del vínculo presencial para la construcción de aprendizajes. Si bien es indispensable indagar más en el tema antes de sostener cualquier generalización, el alto porcentaje (que se verá más adelante) de encuestados que identificó *la ausencia de intercambio en un mismo tiempo y espacio físico con docentes y pares como un factor negativo para su proceso de aprendizaje*, de cierta forma parece reforzar la última hipótesis antes señalada.

Con respecto a **¿qué aspectos de la virtualidad le resultan *negativos* para su proceso de aprendizaje?**

- Lo más indicado fue *la ausencia de intercambio en un mismo tiempo y espacio físico con docentes y pares* –el 74,1%–, y *la auto administración del tiempo y de la organización del estudio* (dificultad para calcular sólo el tiempo de estudio y lectura necesario, dificultad para armar una agenda o cronograma de estudio, etc.) –46%–.
- Le siguieron en importancia el *desconocimiento del funcionamiento del campus virtual* (23,7%) y la *falta de recursos tecnológicos o problemas con ellos* (19,6%).
- Se recibieron algunas respuestas abiertas (un 8%), en las que refirieron como negativo la *falta de control entre quienes estudian y quienes se copian*, la *dificultad para concentrarse estando en el hogar*, la *pérdida del contacto con lo material en materias prácticas*, así como la *dificultad actual para conseguir los materiales*. Algunos señalaron la *falta de clases por Zoom o Meet* (recuérdese que los medios de videoconferencia no fueron parte de recursos de la plataforma usada en CBC durante casi todo el año).
- Finalmente, varios manifestaron *no encontrar aspectos negativos*.

d. Disposición a continuar cursando en forma virtual

- El 71,2% de los encuestados que respondieron, indicó que **no elegiría cursar virtualmente el resto o gran parte del resto de su carrera universitaria**.
- El 20,3% indicó que *sí lo haría*.

- Entre los restantes, algunos expresaron que *de no haber otra opción o mientras dure la pandemia, lo harían*, y otros aclararon que las *materias más teóricas* podrían hacerlas en *forma virtual*, pero para las *prácticas* prefieren la *presencialidad*, algo que también señalaron en la pregunta siguiente.

   Ante la pregunta **¿cree que todas las materias pueden ser dictadas en forma virtual?**
- El **70,4%** indicó que *No* (y el resto –29,6%– que Sí).
- Entre *quienes respondieron que No, el 88,4% realizó aclaraciones sobre los motivos de su repuesta*. Es de destacar en ellas, que les parece *muy difícil* cursar virtualmente materias como: *Matemática, Álgebra, Física, Biología, Química* y materias que requieren el *aprendizaje de habilidades prácticas* (talleres, prácticas, laboratorio, etc.). Sobre las mismas, *consideran fundamental el intercambio presencial con los docentes* (presenciar explicaciones y demostraciones y preguntar en el momento).

e. **Evaluación de los docentes**

   En cuanto a **¿cómo evalúa a los docentes en la transmisión de los contenidos de las materias en forma virtual en cuanto a...?**
- **Conocimiento y manejo de tecnología aplicada a la enseñanza:** el **76,5%**, cree que *la mayoría tiene buen conocimiento y manejo*, y un **23,5%** considera que no conocen lo suficiente los recursos. Así queda representado en el Gráfico N° 8 (en la página siguiente).

   En relación a las **respuestas a las consultas:** casi la mitad (49,4%) indicó que los docentes *respondieron con frecuencia a las consultas*, el 42,4% que esto fue variable y 7,1% que lo hicieron con demora. El pequeño resto (1,1%) señaló que no responden. (Ver Gráfico N° 9, en la siguiente página).

   En cuanto a la **claridad expositiva** –tal como se ve en el Gráfico Nª 10 (siguiente página)– alrededor de la mitad (50,8%) consideró que son lo **suficientemente claros**, el 37,1%, que podrían *utilizar otros elementos para clarificar más los contenidos*. Un 12% indicó que *no son lo suficientemente claros*.

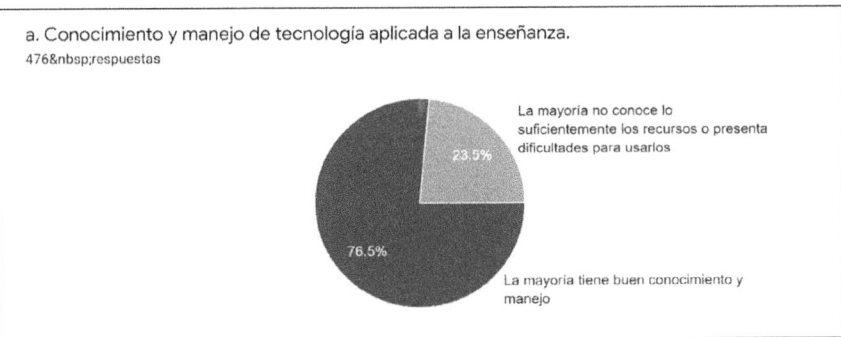

Gráfico N° 8

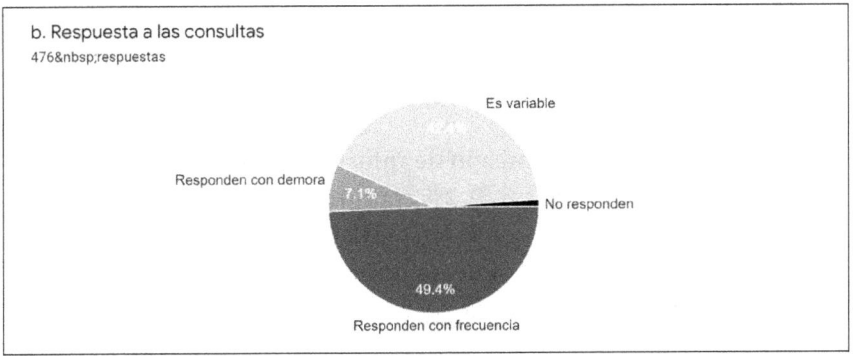

Gráfico N° 9

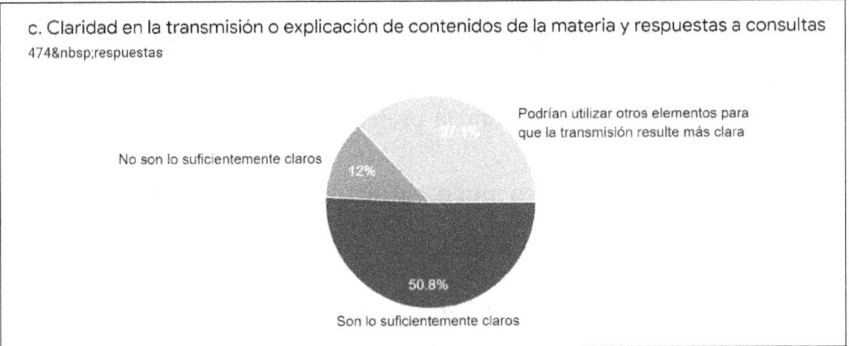

Gráfico N° 10

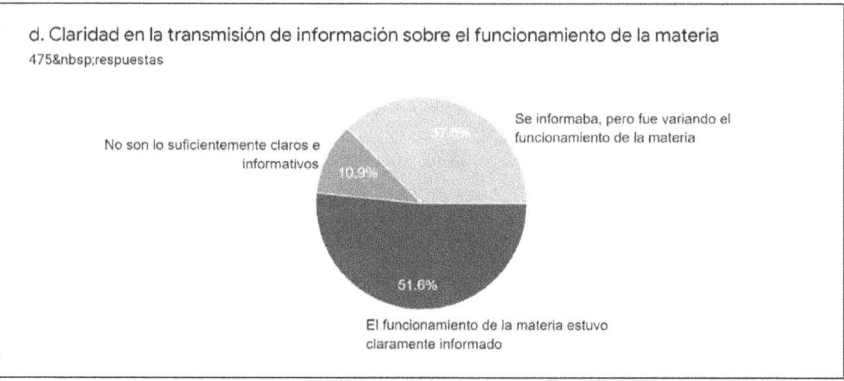

Gráfico N° 11

- **Claridad en la transimisión de información sobre el funcionamiento de la materia,** el **51,2%** consideró que estuvo *claramente informado,* un 37,5%, que *se informaba, pero fue variando el funcionamiento,* y el 10,9%, que los docentes *no fueron lo suficientemente claros e informativos.*

f. **Evaluación general de la cursada en modalidad virtual**
Finalmente, en cuanto a la **evaluación general de la cursada en foma virtual,** la misma puede considerarse relativamente positiva, pues los encuestados indicaron haber aprendido a persar de las dificultades económicas, anímicas y tecnológicas, aunque manifestaron su mayoritaria preferencia por la presencialidad, como ya se vio.
- El 66% señaló que **tuvo muchas dificultades, pero se pudo hacer y aprender.**
- El 14,4% que *tuvo muchas dificultades y no se logró mucho,* y menos del 6% que *resultó complicada y no aprendió nada.*
- Aproximadamente un 14% brindó respuestas abiertas. En ellas se encontraron referencias a experiencias personales discímile entre

materias y cursos. Muchos destacaron y felicitaron el trabajo docente y otros señalaron problemas y fallas. Algunas de sus expresiones sirven de ejemplo:

... *"hubo complicaciones al principio pero muy buena predisposición de lxs profes y compañerxs, buena experiencia",*
(...) *"un ORGULLO los profesores de la UBA, ante las situaciones se pusieron la camiseta y salieron a enfrentarse con todo esto",*
... *"Siendo la primera vez que curso estudios universitarios me sentí muy cómoda con el manejo de los profesores que estuvieron en todo momento",*
...*"Hubo materias muy claras y sencillas desde el inicio, y otras que eran una batalla constante",*
...*"En conclusión estoy muy a gusto con el desarrollo de unas materias y muy decepcionada con el desarrollado de otras."*

• Impacto de la virtualización en los últimos años de la enseñanza media

Juan Roldán

El impacto de la virtualización en la enseñanza media ha provocado enormes desafíos tanto a docentes como a estudiantes, e irrumpió de manera abrupta en el inicio del ciclo lectivo 2020 debido a la pandemia originada por el Covid 19. Este proceso de acercar la tecnología como herramienta pedagógica estaba en debate desde hace un tiempo, y motivó cuestionamientos y algunas adhesiones tanto desde el área sindical como docentes. Lo que nadie se imaginó, es que la virtualización llegaría de manera forzosa, obligando a estudiantes y docentes a incorporar herramientas desconocidas para la práctica de continuidad pedagógica, sin capacitación y en algunos casos ante la ausencia de dispositivos tecnológicos y escaso acceso a la conectividad de internet.

Para comprender los efectos de la virtualización en los últimos años de la educación secundaria, se realizó una encuesta a estudiantes universitarios y del último año del secundario en el marco de nuestra investigación[4]. Entre los alumnos de enseñanza media se en-

---

[4] Ubacyt 2018/2020 *Transformaciones de los Sistemas universitarios en América Latina: Su adecuación a las tendencias del nuevo escenario internacional y la globalización. Recientes estrategias y modalidades de la virtualización de la educación superior* (Dir. Dra. Alicia Iriarte, Cod. Dr. Andrés Mombrú).

trevistó a 42 alumnos entre 16 y 18 años de edad del último año del colegio secundario, de manera tal de poder contar con su opinión y con una lectura aproximada de las ventajas y desventajas del nuevo sistema de enseñanza virtual, que ha venido para quedarse.

Es indudable, las consecuencias psicológicas para el estudiantado por el hecho de afrontar el último año de estudio fuera del espacio físico de la escuela y sin la interacción con sus pares. Pero lo curioso, es que para algunos estudiantes esta nueva etapa virtual es muy atractiva y aseguran que preferirían en un futuro seguir por esta modalidad, mientras que para otros es desmotivador y sin sentido, provocando la falta total de interés en el proceso de aprendizaje. Pero para poder comprender, aún más los efectos de la virtualización vamos a proceder al análisis de las preguntas disparadoras que respondieron los alumnos y alumnas en la presente encuesta.

Como lo muestra el Gráfico Nº 12, se destaca que, entre los encuestados encontramos un 64.3% al segmento femenino y 35.7 % del segmento masculino.

Como se observa en el Grafico Nº 13, el **97.6 %** de los estudiantes señaló que está experimentando *su primer acercamiento a la educación virtual*, como se mencionó anteriormente con adhesiones y rechazos, donde advierten que en esta etapa el proceso de aprendizaje depende de la afinidad con la materia y con las prácticas pedagógicas implementadas por los docentes.

Los alumnos consideran en un 52.4% que la adquisición de los aprendizajes es regular, y mientras que para el 33.3% es buena, quedando relegada la opción muy buena, y esto no está relacionado con la ausencia de herramientas tecnológicas , porque este segmento cuenta con dispositivos propios en un 92.9%. Esto está relacionado con la claridad en la transmisión de los contenidos en cada materia. Destacan que los **aspectos positivos**, como la *auto administración del tiempo y los recursos disponibles ya sean powerpoint, clases grabadas o discusiones en foros, facilitan el acercamiento al conocimiento*, pero que solo son válidos en un contexto de emergencia, como en el de la actual pandemia mundial.

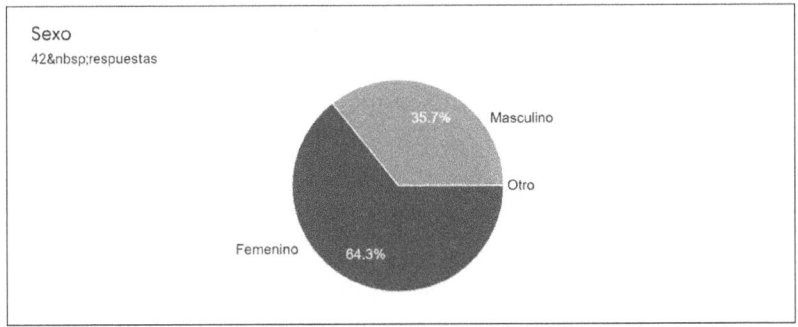

Gráfico N° 12

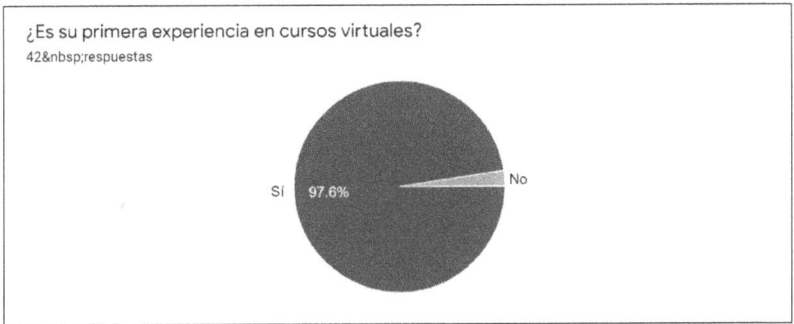

Gráfico N° 13

Sin lugar a dudas, *la desvinculación con sus pares y la interacción inmediata con sus profesores*, son **aspectos negativos**, que según los encuestados ninguna herramienta tecnológica podrá saldar. En este tiempo, la falta de apatía y la desvinculación de algunos alumnos es moneda corriente. Muchos están afrontando *problemas familiares*, como pérdida de trabajo de sus padres y conflictos varios dentro del seno familiar, propio de los nuevos mecanismos de convivencia. Esto repercutió en los estados de ánimo de los chicos, desencadenando estados de angustia y altibajos emocionales, que repercutió en el rendimiento académico del estudiantado.

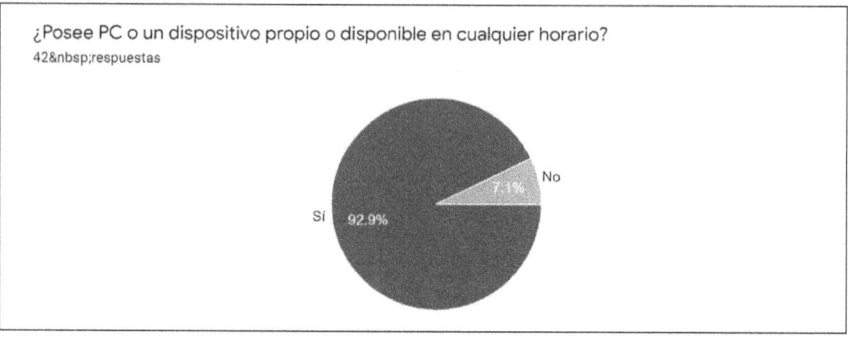

Gráfico N° 14

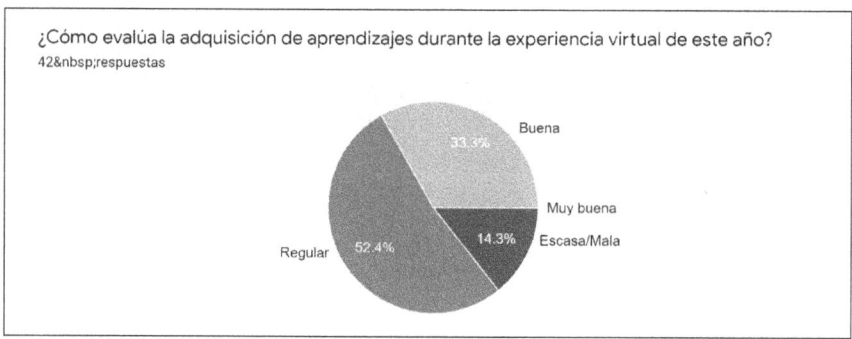

Gráfico N° 15

Como se observa en el Gráfico N° 14, al preguntar si poseían PC o dispositivo propio, casi la totalidad afirma **poseer un dispositivo propio,** aunque *en muchos casos se trate del celular y no es lo mismo que poseer otro tipo de equipo* para conectarse con clases o ver y leer la bibliografía.

Como se aprecia en el Gráfico N° 15, la mitad de los encuestados opinan que **la adquisición de aprendizajes en esta experiencia virtual es evaluada como regular** y una proporción menor, 33%, la considera buena.

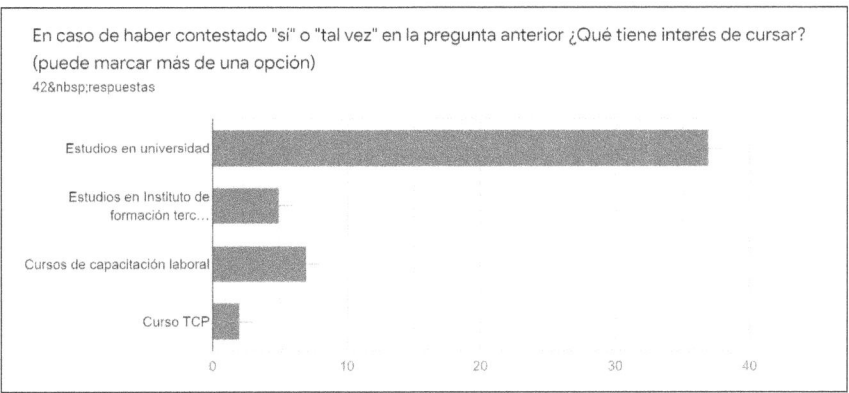

Gráfico N° 16

Como estos alumnos están terminando sus estudios secundarios, se indagó sobre sus **expectativas de formación superior**, y en su gran mayoría expresan que *seguirán sus estudios superiores en el sistema universitario*, dependiendo la elección de las instituciones académicas al prestigio y a la cercanía de sus respectivos lugares de residencia. Para ellos, es *fundamental seguir una carrera universitaria* porque consideran que un título universitario brinda seguridad laboral, en un contexto global de constante transformaciones.

Al preguntarles sobre su interés en cursar en el futuro, como se ve en el Gráfico N° 16, la gran mayoría –casi un 40%– remarcó su propósito de seguir estudios en la universidad o también en institutos de formación terciaria. También señalaron la opción de los cursos de capacitación laboral.

En relación a los aspectos que tenían en cuenta para elegir la universidad uno de los aspectos principales fue que tuvieran la carrera que eligieron y también fue muy valorado la cercanía de la universidad con su lugar de residencia.

Así lo podemos ver en el Gráfico N° 17 (ver siguiente página).

Cabe destacar, que los alumnos y alumnas ven muy atractivo seguir sus carreras de grado en universidades extranjeras, a través de

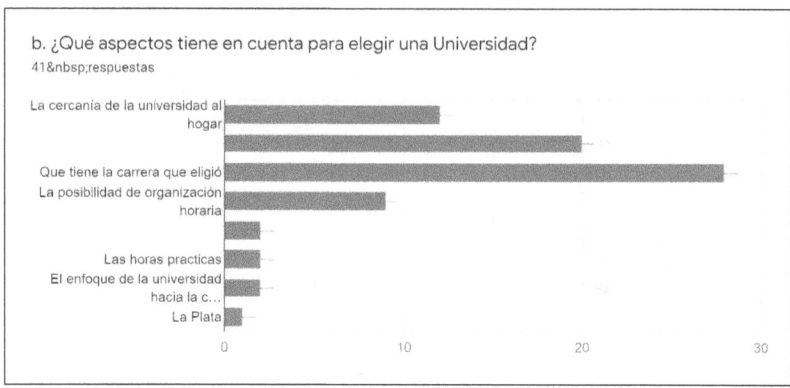

Gráfico N° 17

la modalidad virtual si los costos económicos lo permitiesen. No obstante, consideran que las clases por las respectivas herramientas tecnológicas son agotadoras y desgastantes, ocupan mucho tiempo y las actividades prácticas a resolver son demasiadas largas y poco claras, debido que una vez finalizada la clase virtual no pueden consultar sus dudas con los respectivos docentes. Sin embargo consideran *"que estudiar en la universidad no solo sirve para especializarte en lo que desee, sino también para aprender a convivir con diferentes personas, experimentar nuevas cosas y prepararte para la sociedad. Cursando online, es una experiencia que se perdería"* (Comentario de uno de los alumnos).

Puede advertirse, que las dificultades de la enseñanza virtual en los adolescentes, recae en que **no están adaptados a la autonomía del aprendizaje**, a diferencia de los estudiantes universitarios de edades cercanas, por lo que requiere un seguimiento constante del docente que sí tiene la modalidad de enseñanza virtual. En este aspecto, podemos advertir, que **el rol del docente tradicional ha mutado al de facilitador para que sus estudiantes logren los objetivos previstos**, esto ha provocado enormes desafíos dentro del cuerpo docente dependiendo de la ductilidad en el manejo de las herramientas tecnológicas y en algunos casos resistencia al cambio de paradigma tecnológico. Los docentes encuestados aseguran que la virtualización ha generado un enorme desafío a nivel profesional y personal, **más allá de transmitir los contenidos pedagógicos su rol de contención psicológica con el alumnado** y sus diferentes problemáticas ocupa una parte sustancial del tiempo que se tendría que dedicar al dictado de contenidos, que en este año tan particular muchos docentes no pudieron completar el curriculum de la materia, optando por uno prioritario.

La opinión de los docentes

Habiéndose consultado la opinión a algunos de los docentes de estos cursos señalaron que el **mayor problema de los docentes** durante *proceso de enseñanza virtual se debe a cuestiones técnicas de conectividad*, en reiteradas ocasiones cortes en el servicio de internet, como así también del servicio eléctrico que ha dificultado el contacto con los alumnos. Existe un consenso generalizado dentro del plantel docente que es el **cansancio y agotamiento que el proceso de virtualización** conlleva, derivado del tiempo destinado a las *correcciones* de actividades, elaboración de estrategias didácticas audiovisuales y elaboración de *informes burocráticos de cada una de las instituciones educativas* en las que desempeñan su actividad docente.

Con respecto a los **efectos negativos**, *los mayores reclamos van hacia las autoridades tanto provinciales como nacionales del área de educación*, puesto que con sus definiciones ambiguas y poco claras con los mecanismos de evaluación hacia el alumnado, haciendo mención que los mismos no iban a ser calificados con nota numérica y que todos pasarían de año, generó un relajamiento de los mismo y la conectividad a las clases virtuales como el envío de actividades que decayó en un 50%.

No obstante, consideran que *la enseñanza virtual ha sido positiva en esta situación de emergencia, pero que preferirían volver al sistema tradicional*. En este punto, también creen que no están dadas las condiciones epidemiológicas para el regreso a las clases presenciales, por lo que preferirían seguir con el sistema de enseñanza virtual a pesar de las enormes dificultades que acarrea. Por otro lado, las mayores quejas de los docentes es que el tiempo que lleva esta nueva modalidad quita espacios para dedicar a cuestiones de índoles personales. *No hay horario prefijado, se trabaja durante todo el día, incluso los fines de semana.* Los grupos de whatsapp tanto de alumnos como institucionales alteró y desestructuró cuestiones que hacen a la vida personal de cada profesional de la educación. *Sienten que su labor no es valorada, es cuestionada constantemente y que en algunos casos los padres no acompañan a sus hijos en el proceso,* relegando todas las responsabilidades del desempeño en el docente.

Como podemos observar, varios son los desafíos que la virtualización forzosa está generando en la comunidad educativa, con críticas y adhesiones, pero debemos destacar que esta herramienta es crucial para la práctica de continuidad pedagógica en una situación mundial en constante ebullición a raíz de un acontecimiento abrupto que redefine las prácticas sociales y en este caso particular las educativas.

El proceso de virtualización forzosa: Entrevistas en profundidad. Informe preliminar

Ana Cravino

Del análisis, aún en construcción, de las entrevistas en profundidad realizadas a docentes de la Universidad de Buenos Aires, encontramos **tres ejes** que transversalmente cruzan a todos los entrevistados: la sobrecarga de trabajo, las restricciones de la virtualidad y el límite borroso entre espacio/tiempo público y privado[5].

Respecto a la primera de estas cuestiones la gran mayoría de los docentes entrevistados, a tono con lo registrado en las encuestas, consigna el *esfuerzo realizado, principalmente en el primer cuatrimestre, para "adaptarse" a la virtualización de la enseñanza*. Esto implicó, para muchos, aprender a moverse dentro de campus, foros, chat y clases vía zoom o meet. Hubo una enorme tarea en planificar los cursos de una manera diferente, digitalizar todo el material de estudio (que de manera frecuente los estudiantes conseguían en papel, *armar guías de lectura, generar actividades*

---

[5] Todas estas opiniones y temas serán analizados en el artículo que desarrolla las opiniones de los docentes en las entrevistas en profundidad.

autoguiadas, power point, videos grabados y colgados en el campus. Muchas cátedras tuvieron que realizar extensas reuniones para resolver todas estas situaciones, pero no hubo estrategias estandarizadas.

Algunas asignaturas ofrecieron *clases asincrónicas* para presentar contenidos y sincrónicas para aclarar dudas. Otras enfatizaron el *papel del campus* para construir un vínculo institucional con el estudiante mediante la participación en foros o canales de chat. Otras exploraron diferentes programas informáticos para resolver esta conversión del mundo presencial al virtual. Docentes que *provienen del área de Exactas,* como *Computación,* se encuentran cómodos con esta nueva realidad, mientras que otros, de la misma Facultad, pero de *Química, lamentan la pérdida del trabajo de los estudiantes en el laboratorio* y el aprendizaje alcanzado por este medio. Algunos docentes señalan el aumento significativo de tiempo que implicó para ellos las correcciones de los trabajos de los estudiantes, pues la presencialidad ofrece una mirada global de las presentaciones que permite identificar fácilmente buenas y malas resoluciones mediante lo que, en Arquitectura por ejemplo, llaman "enchinchada", es decir, la exposición de todas las entregas en el taller.

Para los profesores de *Arquitectura* las evaluaciones se transformaron, en muchos casos, en tutorías individuales. En *Psicología* también subrayan el esfuerzo que tuvo que darse en el seno de las cátedras para implementar esta modalidad y brindar a los estudiantes todos los recursos para que se pueda desarrollar la cursada. Hacen refrencia a la apertura de diversos canales de comunicación con el alumnado: mail, grupos de whatsapp, chat, foros, mensajería vía campus, sobrecargó a los docentes para contestar inquietudes, que en muchos casos se repetían En el CBC los docentes enfatizan el trabajo de los grupos de cátedra para armar casi freneticamente una cursada virtual, pero expresan preocupación por la baja participación de los estudiantes –recién ingresados a la Universidad– en los foros y en las clases virtuales.

Dos cuestiones referidas a este tópico se reiteran en estas entrevistas: una, el **quiebre de una manera tradicional de enseñar** que interpeló a todos los docentes en un *contexto incierto* donde inicialmente no se sabía si se iban o no a dar clases presenciales en el año, y otra, prácticamente unánime, el cansancio o agotamiento docente frente a una tarea descomunal emprendida.

El segundo eje que aparece en las entrevistas tiene que ver con las **restricciones que la virtualidad impone al proceso de enseñanza**. En algunos casos el problema se sitúa en la *didáctica docente* que constituye una tradición aceptada en la Universidad: el uso del pizarrón, los laboratorios, los talleres. Ligado a ello aparece los **límites de la interacción docente-alumno**: En el aula, laboratorio, taller, el docente observa el rostro del estudiante e interpreta si está atendiendo, o si comprende o no lo que el profesor dice. En una pantalla donde la mayoría de los estudiantes tienen la cámara apagada o no poseen este dispositivo, es difícil dar cuenta de estas cuestiones. Por diversas razones, timidez, vergüenza o, directamente por falta de micrófono, los estudiantes casi no preguntan sobre el tema de la clase. Vale aclarar que esto se da con mayor frecuencia en los cursos "masivos" del CBC que en otros, más reducidos de las diversas Facultades de la UBA. Decimos masivos entre comillas, pues también los docentes del CBC señalan el *desgranamiento del alumnado en los sucesivos encuentros virtuales, así cómo la escasa participación estudiantil en los foros.* No existió entonces la posibilidad del acercamiento individual del alumno con una inquietud particular, todo queda expuesto en la pantalla, en el campus o en el zoom.

Ligado al eje anterior, los límites de la virtualidad, hacen replantear la enseñanza a aquel docente de importante trayectoria que daba la clase con un "cassette" incorporado sobre la base de su experiencia frente al aula. La transformación de un sistema de enseñanza presencial a uno virtual requiere del docente de una planificación exhaustiva y de nuevas estrategias didácticas. El primer cuatrimestre de 2020 fue para muchos profesores un inmenso campo experimental, de ensayo y error, que les permitió a las cátedras decidir luego sobre qué acciones resultaban más efectivas, pero no sin un enorme esfuerzo docente y tal vez un costo sobre la calidad educativa que todavía no es posible medir. Tampoco se puede dejar de lado a aquellos estudiantes que el sistema no pudo incluir por diversas razones, entre ellas las dificultades operativas de conexión y la falta de recursos económicos, técnicos o cognitivos para tal adaptación. En muchos casos, los entrevistados reflexionan cuánto de la virtualidad quedará y si la presencia de los recursos creados terminen por minimizar el rol docente.

El tercer eje que atraviesa los otros dos, y que muchos de los entrevistados destacan, es la **indefinición del límite entre el tiempo y espacio dedicado a la enseñanza y el del ámbito de lo privado.** Si bien algunos docentes destacan como positivo la ventaja de no tener que viajar a la Universidad para dictar clases, la mayoría dice extrañar los ámbitos de encuentro académico con otros docentes de diferentes asignaturas, el clima de producción e intercambio universitario, los lugares de sociabilidad que permiten construir el sentido de una Universidad pública. Asimismo, por un lado, todos destacan que sumado a la mayor dedicación en la planificación de la tarea docente y la creación de material didáctico o producción de contenidos, las reuniones de equipos de cátedra se intensificaron, los tiempos de evaluación ocuparon sábados y domingos. Algunos señalan que no se pudo dar ninguna excusa para reunirse o para elaborar algo fuera del tiempo habitual que estaba dedicado a dar clase. Por otro lado, se vieron muy complicados aquellos que tuvieron a sus hijos todo el tiempo en la casa, sin ayuda en su atención y cuidado o en las tareas domésticas. Además, los docentes tuvieron que organizar su vivienda para designar un espacio físico dedicado a la enseñanza con cierto grado de privacidad, cuestión que no todos pudieron hacer satisfactoriamente.

La incertidumbre que la pandemia ha generado en la sociedad mundial ha impactado en el ámbito de la enseñanza universitaria, instalando un debate acerca de cómo se sigue y los modos más lógicos de continuar en el supuesto que se instale una nueva "normalidad".

El proceso de virtualización forzosa: Una mirada a partir de las opiniones de los docentes. Entre oportunidades y amenazas[6]

Alicia Iriarte
Ana Cravino
Marina Rango

Hasta hace algún tiempo, que ahora nos parece lejano, la virtualización de la Educación Superior era una tendencia que se apreciaba como un horizonte en el futuro. En este sentido Claudio Rama (2012) la analizaba a partir de un estudio prospectivo que resultaba del impacto de los cambios en las herramientas de producción estipulando que:

> ... *se ha ido generalizando a todos los ámbitos, y ha conformado muy rápidamente nuevas configuraciones sociales que se expanden en términos económicos y organizaciones a través de la digitalización y la introducción permanente de innovaciones que derivan de conocimientos aplicables a la producción* (p. 15)

Todos estos fenómenos se encontraban configurando una ola tecnológica que transformaría consecuentemente los modos en que

---

[6] Este articulo continua el análisis que iniciamos en el trabajo anteriormente expuesto basado en las encuestas. En este caso se trabaja sobre las entrevistas en profundidad realizadas a los docentes.

se enseña y se aprende, generando lo que Rama llama un nuevo "paradigma educativo".

Asimismo, Rama (2012) alertaba sobre los factores condicionantes de la transformación de las instituciones de Educación Superior en centros educativos a distancia puesto que esto significaría:

> ... *un aumento de los costos totales, el riesgo derivado de la posible pérdida de alumnos de las modalidades semipresenciales abiertas, costos políticos y económicos de la desarticulación de las redes de sedes presenciales, requerimientos iniciales y futuros de inversiones en infraestructura tecnológica, y demandas de competencias superiores de los equipos administrativos y docentes, así como la digitalización de sus recursos didácticos* (p. 137).

Por otra parte, existió hasta hace muy poco un extendido consenso respecto a que la Educación superior virtual respondía claramente a una lógica mercantil y el riesgo de la educación transnacional bajo esa modalidad que le permitía cruzar fronteras nacionales y escapar a diversos tipos de regulaciones.

Decía Rama (2012, 159) por ese entonces:

> *El aula del futuro será digital. Hoy, comprende plataformas para apoyar y gestionar el proceso de enseñanza, bibliotecas en red dentro del aula, de asesoría tutorial en la propia aula y en plataformas especiales, la inclusión de otros docentes a través de la Red y videoconferencias, y algunas veces el trabajo docente desde fuera del aula, los pizarrones digitales conectados a redes, y los alumnos vinculados en redes de computadores con el docente, aplicaciones prácticas en soft, aplicaciones de verificación de evaluación de originalidad o plagio, y sistemas de evaluación tipo múltiple choice, así como uso de múltiples interfaces digitales (joystik, mouse, láser, etcétera), uso de herramientas informáticas colaborativas, trabajos colaborativos en Web 2.0, etcétera.*

En 2020 el futuro llegó.

En ese año una pandemia inesperada atravesó el planeta entero y, paulatinamente, las diversas naciones se fueron cerrando preventivamente, sancionando confinamientos de la población (Decreto Presidencial N°297/2020), lo cual determinó en muchos países la clausura del modelo de enseñanza presencial de la Educación Superior, al menos, transitoriamente (CIN, 2020). Este fenómeno determinaría la virtualización forzada de la enseñanza.

Para indagar sobre esta temática y su impacto en alumnos y estudiantes y en el sistema en general, en nuestra investigación UBACyT *Transformaciones de los Sistemas universitarios en América Latina: Su adecuación a las tendencias del nuevo escenario internacional y la globalización. Recientes estrategias y modalidades de la virtualización de la educación superior* (2000-2017), dirigida por la Dra. Alicia Iriarte, realizamos, como ya se ha hecho mención, en primer lugar encuestas a estudiantes y profesores de diferentes universidades nacionales a fin de conocer sus opiniones sobre la experiencia de esa enseñanza virtualizada, y luego, para completar el análisis, entrevistas en profundidad dirigidas exclusivamente a docentes de la Universidad de Buenos Aires.

El análisis de las entrevistas. La virtualización y las opiniones de los docentes

El procedimiento utilizado para recolectar información, luego de las encuestas que se administraron previamente, fue la realización de entrevistas en profundidad a docentes de diferentes materias del Ciclo Básico Común de la UBA y de otras Unidades Académicas, así como también a algunos docentes de Posgrado.

Los criterios de selección de los entrevistados fueron los siguientes

1. Sexo (50% F-50% M)
2. Edad (50% hasta 40años /50% +40)

3. Materia
4. Sede o Facultad
5. Cargo (hasta JTP/adjuntos y titulares)
6. Antigüedad en docencia universitaria (hasta 15 años/+15 años)
7. Nivel (grado- grado y posgrado)

Las temáticas a tener en cuenta para la realización de las entrevistas fueron:

1. En la modalidad virtual que se adoptó por la pandemia ¿Cuáles fueron las principales problemáticas en la labor docente?, ¿qué puede señalar en relación con planificación y dictado de las clases, uso de herramientas y tics aplicados a la enseñanza, etc.?
a. ¿perduran estas problemáticas en este segundo cuatrimestre? ¿cómo se presentan en este segundo cuatrimestre?
2. ¿Qué opina sobre el cambio en la modalidad de trabajo, qué efectos tuvo para ud? (en lo personal, en el tiempo dedicado, en el esfuerzo, en los dispositivos requeridos, gastos)
3. ¿Le surgieron inconvenientes para desarrollar estas tareas virtuales en un ámbito de confinamiento, compartiendo con su familia, tareas escolares de niño, o home office, etc.?
4. ¿Qué evaluación general podría hacer sobre los resultados de la experiencia de virtualización del primer cuatrimestre?
5. ¿Cómo considera que impactó este proceso de virtualización en la calidad educativa? ¿Cree que se pudieron transmitir los contenidos de su materia?
6. ¿Cómo considera que impactó el actual proceso de virtualización en la posibilidad de acceso y la permanencia de los alumnos en la universidad y en el desarrollo de la cursada? ¿hubo desgranamiento, cómo fue mayor, menor que en la presencialidad?
7. ¿Qué le resultó positivo y qué negativo de esta experiencia?
a. ¿Continuaría con esta modalidad o en parte? ¿Para todas las materias?

b. ¿Qué cambiaría y qué propondría de acuerdo a la experiencia que tuvo?
c. ¿Qué piensa sobre el futuro de este proceso de virtualización en el contexto de pospandemia?
8. ¿Cómo cree que afectó en general a los docentes en su labor?
9. ¿Cómo cree que afectó a los alumnos en su vinculación con la universidad, con los docentes y sus pares, en el conocimiento que adquirieron, etc.?

Luego del procesamiento del material recolectado se procedió al análisis de los contenidos obteniéndose algunas cuestiones a ser planteadas que se vuelcan en el presente artículo. Como se mencionó ya anteriormente, en el análisis de estas entrevistas encontramos algunos ejes comunes para resaltar:

1. Una nueva modalidad: la adecuación al trabajo docente con instrumentos digitales y la sobrecarga de trabajo.
2. Las restricciones que impuso la virtualidad. Los límites de la interacción docente-alumno, los estudiantes "sin rostro".
3. El límite difuso entre el espacio y el tiempo público y el privado.

1. El pasaje a la virtualidad. La adecuación al trabajo docente con instrumentos digitales y la sobrecarga de trabajo.

En cuanto a este primer eje, los docentes entrevistados, en su gran mayoría, coinciden en señalar el esfuerzo llevado a cabo y el esmero puesto en práctica para "adaptarse" a la virtualización forzosa de la educación, especialmente en el primer cuatrimestre. Respuesta que se encuentra a tono con lo registrado en las encuestas que oportunamente hemos realizado a poco de finalizar el primer cuatrimestre en CBC y de comenzar el segundo en otras instancias universitarias. En las mismas, *la planificación de las estrategias di-*

dácticas y pedagógicas en la nueva modalidad fue una de las principales problemáticas identificadas por los docentes en el proceso de virtualización (41,5%). A su vez, esta labor requirió más tiempo, en mayor o menor medida, según la percepción del 84% de los docentes que respondieron aquellas encuestas.

Según relatan los docentes, tuvieron que aprender a conducirse dentro de diferentes entornos y recursos virtuales (campus, foros, chats y clases vía Google Meet, Microsoft Teams, Blackboard Collaborate, Skype Empresarial, WebEx, Zoom o Jitsi).

Se enfrentaron a la necesidad de realizar una cuantiosa y acelerada tarea de **replanificación de los cursos, originalmente pensados para la presencialidad**, de una manera distinta en un tiempo récord. Esta labor exigió, entre otras cosas, digitalizar **completamente el material de estudio**, que de antemano los estudiantes obtenían en formato papel (fotocopiado, mediante ediciones de la cátedra o por consultas a la biblioteca), armar guías de lectura y actividades autoguiadas, PowerPoint con o sin audio para las clases, videos grabados y colgados en el campus, etc.

Adecuarse al trabajo con herramientas tecnológicas de este tipo en el ámbito de la enseñanza, especialmente para quienes tenían escaso manejo previo de las mismas, constituyó un desafío que demandó una significativa cuota de tiempo y dedicación.

Ya sea que se contara o no con suficiente experiencia en el uso de instrumentos digitales (blogs, plataformas de enseñanza virtual, videoconferencias, creación de contenidos para la educación a distancia, etc.), el pasaje a la virtualidad en todos los ámbitos educativos en simultáneo significó un incremento en la demanda de trabajo docente.

"Actualizarse y aprovechar lo tecnológico (…) la situación nos obligó a eso y es positivo y necesario. (…) a ponernos al día en tecnología." Fernando, IPC.

"… en todos los trabajos se incrementó el tiempo que hay que dedicar. Demanda mucho tiempo (…) las devoluciones, todo…" Patricia, Química.

*"No me sentí mal, me encanta producir materiales educativos, ya los usaba en la presencialidad.
[...]
Se triplicó la carga horaria", Analía, Metodología de la investigación.
"Arrancamos con una planificación de emergencia, suponiendo que sería algo acotado... mucho trabajo más o menos desorganizado."
Susana, Semiología.*

El énfasis estuvo en desarrollar estrategias que pudieran rápidamente transferir las experiencias pedagógicas habitualmente desplegadas en aulas, talleres y laboratorios, a las pantallas de las computadoras. La gran preocupación estuvo entonces centrada en el aprendizaje del estudiante, en que éste pudiera adquirir los conocimientos y competencias brindadas por la asignatura.

Al respecto, dos cuestiones aparecen en forma reiterada en las entrevistas a docentes, enfáticamente en las del CBC:

- Por un lado, **la preocupación por generar recursos didácticos accesibles a estudiantes cuyas condiciones de conectividad y de vida en el contexto de cuarentena podían suponerse desfavorables para el aprendizaje**, la inserción y continuidad en la universidad.
- Por otro lado, **la falta de tiempo para reflexionar sobre la marcha acerca de los recursos implementados y evaluar su adecuación y efectividad**, a fin de realizar ajustes orientados a mejorar la calidad y accesibilidad de los mismos.

"No hay tiempo para mirar los materiales, revisarlos, todos estamos a contrarreloj." Patricia, Química.

"No nos dio tiempo a nada. Los docentes necesitamos un tiempo para hacer esto con planificación." Susana, Semiología.

Esta inquietud, en el caso de los docentes de la primera etapa de educación universitaria, contempla también que la población que ingresa a la Universidad de Buenos Aires suele ser heterogénea tanto respecto de sus condiciones socioeconómicas como de trayectorias formativas previas. De manera que la demanda de un título secundario para el ingreso no garantiza en sí misma que los estudiantes tengan inicialmente el mismo nivel de conocimientos previos. A su vez, el ingreso a la universidad es un proceso en el que los alumnos, además de incorporar estos conocimientos con fines nivelatorios, inician su conformación como estudiantes de nivel superior y futuros profesionales, con las exigencias de autonomía en el estudio y de integración a la lógica institucional que esto comporta. De allí, por un lado, que los objetivos generales de formación del CBC sean; *"brindar una formación básica, integral e interdisciplinaria; desarrollar el pensamiento crítico, consolidar metodologías de aprendizaje y contribuir a una formación ética, cívica y democrática de los alumnos de la universidad."*[7]. Y por otro lado, que los docentes de esta instancia se encontraran preocupados por el manejo de herramientas para generar recursos que favorecieran la transmisión de conocimientos indispensables y el proceso de inserción universitaria en el nuevo contexto.

"*Los estudiantes necesitan integrarse en un proceso de acompañamiento institucional.*" Fernando, IPC.

"[la virtualización] *no facilita el acercamiento a la universidad. Por más que uno le ponga onda (...)* [en la presencialidad] *los podés ir reteniendo, decirles 'no aflojes', dar un consejo.* [en la virtualidad] *es mucho más difícil.*" Patricia, Química.

Los docentes refieren que en muchas cátedras se realizaron prolongadas reuniones virtuales para elaborar respuestas a todas estas situaciones, pero no hubo estrategias comunes a todas ni estandarizadas.

Algunas materias brindaron clases asincrónicas para la exposición de los contenidos y ofrecieron encuentros sincrónicos para con-

---

[7] Fuente: http://www.uba.ar/contenido/335

sultas. Otras priorizaron el uso del campus para entablar un vínculo institucional con el estudiante a través de foros y chats. Algunas decidieron indagar entre diferentes programas informáticos al momento de encaminar la conversión de la modalidad presencial a la realidad virtual. Quienes ya contaban con páginas web o blogs desarrollados, como en Biología, con contenidos, lecturas, ejercicios, etc., dedicaron tiempo a mejorar estos entornos con videos y animaciones y a explorar las posibilidades que brinda la plataforma Moodle.

"Evidentemente, hubo un incremento muy importante del trabajo docente tanto en la adaptación como en la búsqueda de alternativas creativas que suplan las estrategias habituales. Se hicieron muchas reuniones de trabajo en las que se enfatiza la operatividad y se pierde el vínculo social. Hay mucho cansancio." Jorge, Arquitectura, Diseño y Urbanismo.

Docentes de la Facultad de Ciencias Exactas, como por ejemplo de Computación, declararon su sensación de comodidad frente a esta nueva forma de trabajo, en tanto otros docentes de la misma Facultad, pero de Química, se manifestaron muy apenados y preocupados por la *imposibilidad de llevar adelante el trabajo con los estudiantes en el ámbito de los laboratorios y el impacto de esta situación en el aprendizaje* que se lograba por este medio. Esto último concuerda con la experiencia referida por los estudiantes encuestados en el marco de nuestra investigación. Ellos expresaron la necesidad del trabajo presencial en los espacios de laboratorio, taller y campo, identificando en casi el 75% de los casos *la ausencia de intercambio en un mismo tiempo y espacio con docentes y pares* como un aspecto negativo para sus procesos de aprendizaje. No obstante, reconocían el esfuerzo de los profesores por contrarrestar tal efecto.

Al mismo tiempo, consultados por su disposición a continuar cursando en forma virtual y qué materias creen que pueden ser dictadas virtualmente, los estudiantes coincidieron en que para las materias prácticas prefieren la presencialidad, reafirmando la importancia del intercambio que se produce bajo esta modalidad en materias como Matemática, Álgebra, Física, Biología, Química y aquellas en las que es necesario aprender habilidades prácticas.

"Es necesaria una relación presencial con los alumnos. No se puede trabajar estrictamente virtual. En todo caso, habría que combinar" Fernando, IPC.

Los docentes de Arquitectura, por ejemplo, experimentaron un cambio en la forma de realizar el trabajo evaluativo. *Las instancias examinadoras se convirtieron en tutorías individuales* con gran injerencia docentes sobre los trabajos de cada uno de los alumnos, mientras que anteriormente realizaban una intervención general. Estos profesores indicaron que esta situación implicó un aumento significativo de tiempo dedicado a las correcciones de los trabajos de los estudiantes, situación muy diferente a la de la presencialidad, que ofrecía una mirada global de las presentaciones de los estudiantes. Esto brindaba la posibilidad de identificar buenas y malas resoluciones mediante *la exposición de todas las entregas en el taller.*

"Las clases se transformaron en tutorías.
[...]
No se pudieron hacer correcciones globales (...) Se usaron otros programas, como Miro, pero requiere mejores equipos." Santiago, Arquitectura, Diseño y Urbanismo.
"Mucho más tiempo de corrección. (...) Para corregir tuve que tener los trabajos prácticos con anticipación y graficar sobre ellos, aunque con dificultades ya que el sistema no permite hacerlo igual." Jorge, Arquitectura, Diseño y Urbanismo.

Los docentes de Psicología coinciden en destacar el esfuerzo inicial de las cátedras para poner en marcha esta modalidad de enseñanza y aportar a los estudiantes los recursos necesarios para una cursada exitosa. Al mismo tiempo, destacan que al implementar diversos canales de comunicación con los estudiantes (mail, grupos de WhatsApp, chat, foros, mensajería vía campus), se sobrecargó a los docentes, pues al momento de responder consultas, muchas de ellas eran operativas y se repetían por uno y otro medio. Tuvieron una experiencia similar aquellos docentes que sostuvieron la comunicación escrita por foros y mail con los estudiantes al momento de realizar correcciones de actividades, cuestionarios o trabajos prácticos. Tarea que también mostró la necesidad de sumar tiempo al cuidado de la redacción para facilitar a los alumnos la comprensión de las devoluciones frente la imposibilidad de un feedback más fluido e inmediato con ellos. o cual está en consonancia con lo surgido de las encuestas, donde para el 64,1% se incrementó, en mayor o menor medida, el *tiempo dedicado a consultas e interacciones con los estudiantes.*

"*Sobre información… Muchos canales de comunicación con los estudiantes (face, mail, campus, WhatsApp*" Maite, Psicología.

En el CBC los docentes subrayaron el trabajo de los grupos de cátedra para armar de manera casi frenética una cursada virtual. Al mismo tiempo, manifestaros *gran preocupación por la escasa participación de los estudiantes (ingresantes) en los foros y en las clases virtuales.*
Al respecto, dos temas surgieron de forma reiterada en todas estas entrevistas:

- La **ruptura con la forma tradicional de enseñanza, que interpeló a todos los docentes** en un contexto incierto donde inicialmente no se sabía si iba o no a haber clases presenciales en el año, en lo que se llamó de manera habitual un "contexto dinámico".
- El señalamiento en forma unánime del **cansancio o agotamiento docente frente a una tarea descomunal emprendida.**

"*Se pensaba que se resolvía en agosto. Era lo que se podía pensar en ese momento. (…) Dentro del contexto, que es donde deben analizarse las cosas, creo que se hizo lo mejor que se pudo*" Fernando, IPC.

"Arrancamos con una planificación de emergencia suponiendo que era algo acotado (...) se trabajó el doble o el triple." Susana, Semiología.
"El tiempo de planificación fue mucho mayor y la preparación de las clases me mató." Sara, Cs. Exactas y Naturales.
"... no tengo el gasto de viáticos y comida (...) sí tengo siete millones de dolores posturales, la vista perdida, la cabeza quemada. No tanto por la virtualidad, sino por la cascada que se me hizo de los cursos [que comenzaron desfasados]" Roxana, IPC.
"Todos estábamos agobiados, cansados, sobrepasados de tareas, de reuniones, de encuentros virtuales. (...) En lo personal es el triple de trabajo, los domingos inclusive para poner la bibliografía y preparar las clases, toda la semana contestar preguntas ... hay alumnos que no leen o que preguntan el link del encuentro virtual, alumnos que esperan que uno vaya a avisarles cuando está en el campo, y sigue cayendo gente en la clase, llegan a la mitad de la clase y no entienden" Ana, IPC.

Además, desde diversos niveles de las Universidades se les ofreció a los docentes distintas capacitaciones para la virtualidad que, si bien fueron de ayuda, cargaron más la jornada laboral, sumado esto a diversas tareas administrativas que antes hacía el personal no docente como el levantamiento de actas, u otras mucho más sencillas en la presencialidad como la formación de grupos de estudiantes.

En este punto también hay que señalar un cierto enojo de estudiantes y docentes respecto al carácter forzoso de este proceso de virtualización que implicó **una ruptura del "contrato" establecido entre ambos, en el sentido de que ninguno de ellos estaba preparado para este cambio en un contexto de gran incertidumbre.** El estado de agotamiento docente fue también registrado en otras investigaciones (Larraguivel, 2020) (Causa y Lastra, 2020)

2. Las restricciones que impuso la virtualidad al proceso de enseñanza. Los límites de la interacción docente-alumno, los estudiantes "sin rostro" y el desgranamiento

El segundo aspecto de importancia que surge en las entrevistas se relaciona con las restricciones que la virtualidad impone al proceso de enseñanza. En ciertos casos, el foco del problema se halla en la didáctica docente tradicionalmente aceptada en la Universidad: el uso del pizarrón, los laboratorios, los talleres. En ella, el *agregado de tecnologías de la información y la comunicación (TIC) cumple una función enriquecedora, pero complementaria del proceso pedagógico* que se da en la presencialidad.

Ligado a esto aparecen los **límites de la interacción docente-alumno,** tema que se relaciona con la que fue, según las encuestas a docentes realizadas en septiembre, una problemática que incidió en la labor docente durante la virtualización señalada por el 53,8% de los docentes; fue que se vieron afectadas *las posibilidades de comunicación e interacción con los estudiantes*. Por su parte, el 38,2% de los estudiantes encuestados en dicha oportunidad, habían señalado las *dificultades en la comunicación con docentes y/o con la universidad* como una problemática que tuvieron que enfrentar en la virtualidad.

"Se pierde la experiencia para alumnos de ver en simultaneidad todos los trabajos de diferentes cátedras, materias y carreras. No hay trabajo en taller, ni biblioteca, ni conversaciones casuales enriquecedoras que se dan en los ámbitos de socialización. No hay clima universitario." Jorge, Arquitectura, Diseño y Urbanismo.

"Veremos el efecto de esto en su verdadera magnitud dentro de un tiempo, cuando los estudiantes puedan relatar sus vivencias, ya que hay una pérdida de aquello que se vive estudiando en una Universidad Pública." Santiago, Arquitectura, Diseño y Urbanismo.

"Hay cosas de la presencialidad que no se negocian, no es la misma relación, no dejaría la presencialidad por una modalidad sólo virtual." Patricia, Química.

En el espacio de encuentro presencial (aula, laboratorio, etc.) los docentes tienen la oportunidad de observar a los estudiantes e interpretar si se encuentran prestando atención, o si comprende o no lo que el profesor dice. Esto resulta difícil de hacer en los encuentros virtuales por videoconferencia, en los que **la mayoría de los estudiantes permanecen con sus cámaras apagadas o simplemente no tienen una.**

Así como también es difícil la interacción entre los mismos estudiantes y su aporte al proceso de aprendizaje mediante el intercambio y la formación de grupos de estudio dentro y fuera del aula. Hay que señalar que muchos de los docentes expresaron que en el aula virtual sincrónica por diversas razones (timidez, vergüenza o falta de micrófono), **los estudiantes casi no realizan preguntas sobre los contenidos de la clase.**

Esta situación se produce con mayor frecuencia en los cursos "masivos" del CBC que en otros más reducidos de las diversas Facultades de la UBA o que en los cursos de posgrado. Se trata de cursos masivos entre comillas, ya que los docentes del CBC **marcan un importante desgranamiento del alumnado en los sucesivos encuentros virtuales,** así como la **escasa participación estudiantil en los foros y chats.** Ya en las encuestas, casi el 45% de los docentes manifestó que el nivel de participación de los estudiantes por los medios virtuales era visto en disminución. No existió tampoco la posibilidad del acercamiento individual del alumno con una inquietud particular, dado que todo queda expuesto en la pantalla, en el campus o en el zoom. Retomaremos esto más adelante.

"No se puede transmitir el espíritu de la materia.
[...]
En Exactas los estudiantes están todo el día en la facultad y eso faltó."
Sara, Química, Cs. Exactas y Naturales.
"La comunicación escrita no les va, no escriben en los foros. No escribieron nada el primer cuatrimestre.
[...]
Me llamó la atención la baja participación. Arranqué con más de

100 y terminé con 10 o 12 en las clases [virtuales]" Patricia, Química.
"El zoom viene a consolidar una situación ficticia. Hacer como si se diera todo igual. (...) se equipara la virtualidad y la presencialidad. Suponen que zoom es dar clases cuando hacen 40 minutos de algo que era en 2 hs. (...) no creo mucho en esa herramienta porque alienta la idea de que es así. (...) es así [dar clases por zoom] porque no queda otro remedio. Esto no es lo que tiene que ocurrir. (...) sigue siendo una emergencia, aunque se extienda en el tiempo." Susana, Semiología.
"Muy poca participación (...) no veo interacción en los foros. Armaron grupos de WhatsApp, los incentivé." Roxana, IPC.
"[Negativo] pérdida de comunicación con el grupo, ya que los estudiantes apagan cámaras y micrófonos.
[...]
Se perdieron estudiantes, pero no se sabe si fue por las consecuencias de la pandemia o de la virtualización. Hubo problemas de conexión, cortes de luz, baja conectividad y problemas para descargar archivos pesados." Jorge, Arquitectura, Diseño y Urbanismo.

En relación con el eje anterior, los límites de la virtualidad, hacen replantearse su modalidad de enseñanza a aquellos docentes de importante trayectoria que daban sus clases presenciales siguiendo una dinámica ya incorporada a partir la experiencia acumulada en los años de trabajo en cursos presenciales. La búsqueda de nuevas estrategias didácticas y la tarea de planificación minuciosa y exhaustiva resultó indispensable ante la nueva situación virtual de enseñanza.

"Nos hizo explorar otras herramientas (...) buscar otras maneras de hacernos entender (...) buscar otra manera de explicar, sin tiza ni pizarrón o sin sincronicidad" Patricia, Química.
"Me hizo interpelar (...) no creo que vaya a volver siendo la misma al aula" Roxana, IPC.
"[Positivo] los resultados sorprendentemente buenos, lo que nos obligó a replantearnos las estrategias tradicionales empleadas" Jorge, Arquitectura, Diseño y Urbanismo.

Para muchos profesores **el primer cuatrimestre se atravesó como un gran período experimental, de** ensayo y error, que posibilitó a las cátedras decidir con posterioridad y con vistas al segundo cuatrimestre, qué acciones resultaban más efectivas. Esto se pudo hacer con un enorme esfuerzo docente y, acaso, con un costo sobre la calidad educativa que todavía no es posible medir, como ya lo habían mencionado los docentes en las encuestas realizadas anteriormente. En aquella oportunidad, si bien una gran proporción de los mismos consideraba que el impacto sobre la calidad educativa en el marco de la virtualización en pandemia había sido negativo, también se recogieron respuestas que marcaban la dificultad para estimar el impacto real tan prontamente. En las entrevistas se repitieron opiniones semejantes.

Los docentes plantearon la sensación de que, a pesar de los esfuerzos por generar recursos, la **adecuación forzada a la virtualidad demandó el recorte de contenidos, la baja del nivel de exigencia a fin de disminuir la deserción, la toma de evaluaciones con un control discutible** sobre la efectiva realización de las mismas por el estudiante sin "colaboraciones" fuera de la ética, etc.

Otro punto en discusión fue el tema de la evaluación que implicó a su vez dos asuntos:

- cómo establecer si el alumno legítimamente era el que hacía el examen sin ninguna "ayuda" exterior y,
- cómo y qué evaluar.

"Lo más difícil fue la evaluación y el control de calidad que se hizo permanente. El final duró 3 horas." Ricardo, Cs. Exactas y Naturales.

La primera de estas cuestiones atraviesa el marco legal de la universidad que tuvo que ser modificado con normativas varias en un área que muchos calificaron como "gris" pues se enfatiza que la situación es temporal ya que las carreras siguen siendo presenciales y *"solo que han modificado transitoriamente las modalidades de dictado y evaluación en razón de la actual situación de emergencia sanitaria y a los efectos de mantener la continuidad de las actividades de formación"* (CIN, 2020),sin dejar de lado la preocupación por temas como la "ciberseguridad" de las plataformas.

De este modo, los docentes consideran que el segundo cuatrimestre los encontró con la ventaja de haber adquirido ciertos conocimientos y experiencia para el trabajo virtual, así como el haber desarrollado un base de recursos para el dictado de las clases, pero permanecen **preocupados por el impacto sobre la calidad educativa** que la modalidad puramente virtualidad pudiera tener en la formación de grado, aunque también está el docente que no percibió impactos sobre la calidad educativa, al menos en el dictado de su materia. Al mismo tiempo, señalan la dificultad para medirlo en lo inmediato.

"[en marzo] *estábamos medio improvisando, intentando adecuarse. Ahora estamos mejor parados, se hicieron un montón de cosas que ahora sirven. (...) ahora estamos mejor que al principio.*
[...]
[primer cuatrimestre] *se salió adelante como se pudo, se intentó salvar el cuatrimestre a precio de calidad académica y recursos pedagógicos (...) quizá fue lo único que se pudo hacer en la urgencia, en lo imprevisible..."* Fernando, IPC.
"No sé... pienso que la evaluación no puede ser inmediata (...) este proceso es demasiado nuevo." Roxana, IPC.
"el CBC ya tiene complicaciones en la presencialidad para retener a los alumnos, que no haya deserción. La virtualidad no los retiene, al contrario. Para retener lo que se hace es bajar el nivel de exigencia." Susana, Semiología.
"la virtualidad no reemplaza las clases presenciales. (...) mejor ejemplo que esto no hay. (...) El tema de los recursos tecnológicos está buenísimo. Que bajen, armen grupos, los videos de YouTube que están buenísimos. (...) Nos encanta la tecnología, pero no reemplaza." Hernán, Biología.

2.1 Conectividad. Equipamiento adecuado y servicios de internet

Un tema específico ha sido el de la conectividad No se puede dejar de lado a aquellos estudiantes que el sistema no pudo incluir por diversas razones, entre ellas las dificultades operativas de conexión y la falta de recursos económicos, técnicos o cognitivos para tal adaptación. Como se había podido apreciar en las encuestas, los docentes no estuvieron ajenos a esta situación y aunque algunos expresaron que era pronto para evaluarlo, el 67,2% creía que el impacto de la virtualización sobre las posibilidades de acceso y permanencia de los estudiantes en la universidad era negativo. Pendientes de esta cuestión, entonces, **intentaron pensar recursos que implicaran escaso consumo de servicios de internet, como audios cortos cargados o enlazados al campus, priorizar la comunicación escrita a través de la plataforma institucional** (foros y chats) o por mail en lugar de los encuentros por videoconferencia, etc. Recuérdese que por el acuerdo realizado entre ENACOM (Ente Nacional de Comunicaciones), la Secretaría de Políticas Universitarias del Ministerio de Educación de la Nación y las empresas de telefonía móvil, las plataformas "edu.ar" estaban libres del consumo de datos durante su navegación para los estudiantes de manera que todo lo que pudiera hacerse dentro de él implicaba menores costos y ampliaba con esto, las posibilidades de acceso.

> *"Tuvimos problemas de conexión de algunos estudiantes. Otros se bajaron porque no les resultó la virtualización" Santiago, Arquitectura, Diseño y Urbanismo.*
> *"Depende del universo de alumnos que tenés (...) En CBC les perjudicó mucho, seguramente (...) no tienen los medios tecnológicos adecuados para tomar clases. en otras instancias es distinto (...) En CBC yo creo que la cuestión técnica y familiar influyó mucho." Fernando, IPC.*
> *"El que tiene un celular no está en condiciones de hacer la cursada, las clases que te proponga..." Patricia, Química.*
> *"Estudiar con el celular no es lo mismo que tener un apunte, y eso influye" Hernán, Biología.*

Asimismo, hay que considerar que los problemas de conectividad no son exclusivos de los estudiantes. **Los docentes también tuvieron que equiparse tecnológicamente (comprar cámaras y micrófonos, mejorar la banda de internet, cambiar el modem)** y lidiar con la imposibilidad de acceder a mejores servicios de internet en sus zonas de residencia. Algunos plantean al respecto, que estos problemas y condiciones se piensan habitualmente con respecto a los estudiantes y a los docentes de nivel primario y secundario, pero no suelen contemplarse en el caso de los docentes universitarios, dándose por sentado que cuentan con internet, equipos y espacios adecuados.

"Entre los docentes, a algunos les costó más. Las presentaciones virtuales requieren equipos poderosos y no todos los tienen." Santiago, Arquitectura, Diseño y Urbanismo.
"Se da por sentado todo: WiFi, tiempo, espacio adecuado... (...) imaginan las condiciones de los docentes de primaria, pero no de los de la universidad. (...) Lo percibo porque tengo que dar explicaciones." Susana, Semiología.

3. El límite borroso entre espacio/tiempo de enseñanza y el ámbito privado

Existe un tercer eje que atraviesa los otros dos, destacado por muchos de los entrevistados. Se trata de la **indefinición de los límites entre el tiempo y el espacio dedicado a la enseñanza y el tiempo y espacio propios del ámbito de lo privado**. Aunque algunos docentes subrayan como positivo el no tener que viajar a la Universidad para el dictado de clases, la mayoría refiere extrañar los espacios de encuentro académico con otros docentes de diferentes asignaturas, además de la propia, el clima de producción e intercambio universitario, **los lugares de sociabilidad que permiten construir el sentido de una Universidad pública tanto para docentes como para estudiantes,** la posibilidad de compartir información, recursos, experiencias y debatir puntos de vista intra e intercátedras. Los encuentros informales con otros docentes se perdieron o resultaron escasos y superficiales en su versión virtual, pues requieren de la decisión de generar un espacio de encuentro en la virtualidad mientras que antes se producían espontáneamente.

Al mismo tiempo, los entrevistados subrayan que junto con el incremento en el tiempo y trabajo que se dedicó a la planificación de la tarea docente y la creación de material didáctico y producción de contenidos, **las reuniones de equipos de cátedra se intensificaron y los tiempos de evaluación no tuvieron límites horarios.** Las tareas de planificación, ejecución y evaluación abarcaron así, fines de semana y feriados, poniendo de relieve la importancia de **contemplar el derecho a la desconexión.** Algunos señalan las dificultades para excusarse o plantear alguna imposibilidad para reunirse o para elaborar algo fuera del tiempo habitual que estaba dedicado a dar clase. Por otro lado, se vieron sobrepasados los que tuvieron a sus hijos todo el tiempo en la casa, con sus respectivos requerimientos (algunos zoom de sus colegios) , sin ayuda en su atención y con las tareas domésticas.

> *"Muchos docentes no dan abasto. Más que nada los que tienen hijos. Hubo que hacer mucho trabajo en el primer cuatrimestre." Maite, Psicología.*
> *"El jardín de infantes ahora somos los padres.*
> *[...]*
> *La jornada laboral no termina nunca. [el] ámbito laboral metido en tu casa y en tu intimidad, aunado al cuidado de los chicos y las tareas domésticas." Santiago, de Arquitectura, Diseño y Urbanismo.*
> *Se triplicó la carga horaria, tuvo que cambiar la banda ancha de la casa, el modem, el plan que tenía, todo por cuenta de ella. También le generó más cansancio, no tener horarios, temer que corregir de noche. mayor esfuerzo. Se consume el día. Las herramientas tics son buenas, pero hay que desarrollarlas", Amalia, Metodología de la investigación.*

Además de equiparse tecnológicamente, los docentes tuvieron que **organizar su vivienda destinando un espacio físico a la tarea de enseñanza con cierto grado de privacidad**, cuestión que no todos pudieron hacer satisfactoriamente. Lo que se suma a la necesidad de **organizar el uso de los recursos tecnológicos compartidos con pareja** (en muchos casos con trabajo remoto) **e hijos** (con sus clases por zoom) en el contexto de teletrabajo generalizado y educación a distancia.

"[complicación con cuestiones domésticas] *Me gusta más trabajar en la Facultad. En exactas vivimos en la Facultad." Sara, de Cs. Exactas y Naturales.*
"[es] traer el aula al mundo privado." Maite, Psicología.
"Tuve que comprar una cámara y mejor ancho de banda.
[...]
Tuvimos que dividir las áreas de trabajo de la casa, pues no podíamos dar clases simultáneamente en el estudio que cuenta con tres computadoras." Jorge, Arquitectura, Diseño y Urbanismo.
"hubo que armar tres ámbitos distintos en la casa para que 3 personas puedan trabajar y dar clases al mismo tiempo. En las PC nos turnamos, no todas tenían cámara." Ana, IPC.

La clase por videoconferencia: potencial, accesibilidad y límites

En la formación de grado, y particularmente en CBC por tratarse de ingresantes, un tema que cruza los dos últimos ejes y que aparece en forma reiterada en varias entrevistas es el relativo al uso de videoconferencias (por Zoom, Google Meet, Jitsi, etc.) como medio sustituto de las clases presenciales. Tal equiparación fue identificada como un presupuesto asumido y naturalizado rápidamente entre distintos actores de la comunidad educativa.

Durante el primer cuatrimestre los medios para realizar videoconferencias no formaban parte de los recursos disponibles dentro de la plataforma del CBC, por lo que no todos los docentes lo utilizaron debido a razones de planificación didáctico-pedagógica, accesibilidad y seguridad, como veremos más adelante. Los entrevistados expresaron que los estudiantes demandaban "el Zoom" considerándolo como *la clase*, pero señalaron que también había docentes que manifestaban entender o sentir que si no hacían videoconferencias no estaban dando clases.

> *"... muchas preguntas sobre el Meet, mucha expectativa por ese reemplazo. [...]*
> *El alumno demanda el Zoom (...) les decía 'tenés este y este recurso ¿qué entendés por clase?' (...) llevar a la reflexión al alumno. Se naturaliza la estrategia del Zoom entre los docentes también."* Roxana, IPC.
> *"... [los docentes] empezaron a dar clases por Zoom suponiendo que suplía la presencialidad (...) Las instituciones dieron por sentado las clases por Zoom"* Susana, Semiología.

Podemos decir al respecto, que la preocupación por este fenómeno que surge en las entrevistas atañe a cuatro temas relacionados;

- El potencial real de las videoconferencias como herramienta para la enseñanza,
- El modelo de clase que tiende a reproducirse en su implantación inmediata,
- Su accesibilidad en el marco de la educación pública en el contexto local y de pandemia y,
- La exposición tanto de docentes como de estudiantes a situaciones indeseadas o de riesgo.

Es importante dejar en claro que en ningún caso los entrevistados se oponen al uso de este recurso o menosprecian su potencial para la educación. Lo que reflejan sus respuestas es la necesidad de aplicarlo de manera reflexiva, planificada y dentro del contexto de recursos de la plataforma universitaria. Es manifiesto que la videoconferencia como recurso educativo tiene la gran capacidad de brindar un espacio de encuentro sincrónico entre estudiantes y docentes, semejable en cierta medida al encuentro áulico. De lo que se trata es de observar la necesidad de meditar además sobre sus límites a fin de hallar la estrategia más adecuada para su uso pedagógico.

Por una parte, **la escasa participación de los estudiantes** en este espacio, como se refirió anteriormente en el apartado sobre las restricciones de la virtualidad (cámaras y micrófonos apagados por diversos motivos, mínimo uso del chat para realizar intervenciones), **dificulta al docente la evaluación permanente de la comprensión de los temas que está desarrollando y el consecuente redireccionamiento de su estrategia de presentación de los contenidos durante el encuentro.** Algo que en la presencialidad es posible a través de la interacción cara a cara y la lectura de la expresión corporal del alumnado. A su vez, tampoco es posible el acercamiento de aquellos estudiantes más tímidos que traen sus consultas al docente de manera individual al finalizar la clase. **Docentes de materias prácticas, laboratorios, talleres y del CBC lamentan la pérdida de este tiempo de encuentro personalizado con los estudiantes,** los que en el caso del CBC están realizando sus primeros pasos en la vida universitaria y suele costarles más exponer sus inquietudes frente a sus compañeros.

"se perdió lo intangible de la conversación presencial. Es difícil hablar con gente con las cámaras apagadas. Se quedan sólo cuando corregís su trabajo." Santiago, Arquitectura, Diseño y Urbanismo.
"[timidez o exposición] por ahí en la clase se disipa porque se acercan al final. Abrís el juego al error, a la pregunta" Roxana, IPC.
"La interacción, preguntas, eso es muy difícil de lograr en la virtualidad, especialmente con los ingresantes. [...]
se pierde la consulta fuera de la clase, la posibilidad de que se acerquen (...) de dedicar cinco minutos a su persona" Susana, Semiología.
"La didáctica docente se basa en el lenguaje corporal. Las correcciones deben ser verbales, no gráficas." Jorge, Arquitectura, Diseño y Urbanismo.

A ello se agrega, con la finalidad de evitar la deserción de las reuniones y mantener la atención del alumnado, una duración de los encuentros por videoconferencia menor (en ciertos casos de 40 minutos o una hora por encuentro) en comparación con las clases presenciales (de 4 o 6 horas semanales). Esto trae consigo la necesidad de maximizar el tiempo y seleccionar contenidos, dejando en un segundo plano el trabajo vincular docente-alumno y entre pares (que, además, es difícil de lograr a través de la pantalla).

> *"Hubo que trabajar con el tiempo (...) uno se focaliza en algunos temas. No hay tiempo para anécdotas ni intervenciones particulares. La clase tiene que durar una hora, más no. Si no participan, afecta la calidad."* Ana, IPC.
> *"... en 40 minutos a la semana ¿qué vínculo podés consolidar?"* Susana, Semiología.

Por otro lado, si consideramos que la interacción con los estudiantes es una herramienta fundamental para estimular la participación, la pregunta y hacer del aula un espacio donde el error sea un impulsor del aprendizaje, esto se ve disminuido en un encuentro, bajo la modalidad que sea, en el que el docente concentre el rol activo y los estudiantes adopten un papel pasivo. En relación con esto, surgió en las entrevistas la preocupación por el retorno a un modelo de clases puramente expositivas. Quienes tuvieron en cuenta esto a la hora de planificar los encuentros por videoconferencia, los programaron como espacios de tutoría y consulta, estimulando la participación de los estudiantes con resultados que estiman positivos. En el caso de Computación, valoran además la utilidad del recurso al momento de la evaluación, ya que Zoom les permite hacer correcciones sobre la computadora de los estudiantes.

> *"Las clases [por videoconferencia] son para trabajar el cuestionario. En las primeras nadie contestaba (...) no son clases magistrales, son para evacuar dudas. (...) ahora es más dinámico. (...) Se está gene-*

rando una dinámica interesante. Hay chicos y chica que toman la iniciativa y está saliendo bien." Hernán, Biología.

Como se anticipó, otro aspecto que manifestaron los entrevistados es su **preocupación por la accesibilidad de los estudiantes**, en especial de los ingresantes, cuyas condiciones socioeconómicas y de disponibilidad tecnológica se presumen en muchos casos por debajo de lo requerido para participar de estos encuentros e, incluso, para acceder a otros recursos educativos virtuales. Esta preocupación se manifestó de modo más fuerte con respecto a los estudiantes del primer cuatrimestre, quienes se habían inscripto a una carrera presencial. Los **problemas de conectividad, la situación económica general y las condiciones de vida en cuarentena** son circunstancias mencionadas como obstáculos para la participación en estos encuentros.

"No es lo mismo estar 4 o 5 hs en la universidad que en tu casa (...) Vi mamás con chicos chicos dando vueltas." Patricia, Química.
"Hubo alumnos con problemas de conexión y otros no quisieron, por ese motivo, rendir un final de manera virtual." Maite, Psicología.

A estas inquietudes de los entrevistados se sumó la inicial ausencia de medios para hacer videoconferencias dentro del caudal de herramientas disponibles en la plataforma institucional del CBC, por tanto, su condición de espacio fuera del aula durante el primer cuatrimestre. Junto con esto, se enteraron de que al comenzar el proceso de virtualización se suscitaron episodios (p.e. la intervención de las pantallas para transmitir contenido ilegal en medio de una clase o realizar dibujos obscenos, la edición maliciosa de videos con imágenes de clases virtuales tergiversando lo sucedido en ellas, etc.)[8]

---

[8] Un caso que se hizo de público conocimiento fue la transmisión de contenido ilegal mediante el hackeo a la videoconferencia "La arquitectura como oficio" dictada por la Universidad de Flores, en abril de 2020. Ante los hechos, la universidad inició acciones penales y la elaboración de nuevas pautas de acceso y permisos

en distintas instituciones educativas. Esto despertó la alarma sobre la seguridad de los participantes de encuentros virtuales y el modo en que pudiera cubrir la normativa universitaria lo que acontece en reuniones de este tipo. Esta cuestión también fue registrada con anterioridad en las encuestas a docentes como una de las problemáticas que incidieron en su labor con el proceso de virtualización. En dicha oportunidad, la *falta de un marco normativo adecuado para preservar a docentes y estudiantes en el uso de medios tecnológicos para el dictado de clases ausentes en la plataforma institucional* fue indicado por el casi la mitad de los docentes encuestados.

A partir del segundo cuatrimestre se incorporó Microsoft Teams (y Google Meet en CBC) a los recursos institucionales mediante la apertura de cuentas institucionales para los docentes. Esto cambió en cierta forma la situación, ya que de este modo las videoconferencias pasaban a ser parte de los recursos formales de la institución. De todos modos, persiste la preocupación por los estudiantes que por motivos económicos no pueden participar de tales encuentros, ya que acceder a los mismos consume datos y requiere de un dispositivo disponible en el momento adecuado.

"la limitante económica es fuerte (...) todo es crédito (...) el campus no te consume datos, el Zoom, sí. Más allá de la posibilidad técnica está la económica. No los podés obligar [a asistir a los encuentros] *(...) o creás una situación injusta."* Hernán, Biología.

"Los alumnos que no tienen acceso quedaron silenciados (...) no sé si vuelven." Roxana, IPC.

"En la reunión virtual llamás a 100 y vienen 10. Es resultado de la cuestión más general. En un país con 40% de pobres es imposible cualquier actividad sin buena conexión, vivienda adecuada..." Fernando, IPC.

---

para garantizar la seguridad de los encuentros virtuales. Puede leerse más en: Brutal hackeo durante una clase virtual... ¡Todos los detalles! - Minuto Neuquén

Por otra parte, es importante señalar que, con **respecto a la formación de posgrado**, los docentes manifestaron una postura diferente. No dudaron en implementar las videoconferencias como medio para el dictado de clases, partiendo de la consideración de que **los estudiantes de posgrado son profesionales y que, por tanto, ya conocen la lógica universitaria, cuentan con habilidades adquiridas para el trabajo auto organizado y el manejo de una base de conocimientos que les permite acceder a los contenidos con mayor autonomía.** Al mismo tiempo, tienen una participación más activa en sus procesos de aprendizaje y cuentan con mejores condiciones para estar presentes con cámaras y/o micrófonos encendidos en las clases virtuales y expresar sus dudas y aportes. Conjuntamente, los entrevistados señalan que, en el caso de los posgrados, la educación a distancia abre la posibilidad de acceso a personas que viven en lugares muy distantes y que no podrían trasladarse sólo por razones de estudio. De manera que creen que en este nivel de formación la virtualidad llegó para quedarse.

En cuanto a la formación de grado, varios docentes plantean que, si bien la educación virtual permite el acceso a la UBA de población estudiantil que vive a distancia con el beneficio de no tener que trasladarse, les preocupa su inserción universitaria, así como la manera en que pueda verse afectada la formación de grado en habilidades y capacidades que requieren, para su enseñanza y evaluación, del trabajo presencial en taller, laboratorio o campo.

"En posgrado esto va a quedar, pero en el grado, el aprendizaje de los procesos proyectuales requiere del monitoreo constante del taller" Jorge, Arquitectura, Diseño y Urbanismo.
"Va a haber cierto grado del proceso que va a quedar, sin dejar de lado las virtudes de la presencialidad. Para los que viven lejos es una ventaja (...) En posgrado se va a instalar. Venir a Ciudad Universitaria es complicado para muchos." Santiago, Arquitectura, Diseño y Urbanismo.
"Se va a instalar la virtualización. La gente aprendió mucho de este proceso. En el posgrado es muy positivo. En el grado va a costar inser-

tarse en la universidad, se requiere de la presencia." Maite, Psicología.
"Va a quedar mucho de la virtualidad." Ricardo, Cs. Exactas y Naturales.
"la universidad son las aulas, los pasillos, los bares, pero nos quedamos en el aula virtual. Falta además la charla después de las clases, de las ponencias. Los vínculos entre los alumnos son grupos de trabajo, vínculos de amistad al socializar en grupo. A veces se recorren laboratorios, institutos, bibliotecas, talleres, que es reconocer el espacio universitario. Esto evita que la universidad se transforme en un enseñadero" Ana, IPC.

Finalmente, la inquietud de los docentes por este recurso abre interrogantes dignos de ser considerados al momento de pensar una educación superior interpelada por la virtualización forzosa; ¿qué se entiende por clase? ¿qué lugar ocupan los restantes recursos elaborados para la enseñanza virtualizada? ¿qué se requiere para acceder a este recurso además de los soportes materiales y de conectividad? ¿qué sucede con quienes no pueden hacerlo? ¿qué ofrecerles de modo asequible? ¿Cómo afecta esto las posibilidades de acceso a la educación pública y gratuita? ¿Es igual en todas las etapas de formación universitaria?

Una mirada más allá de la pandemia. La educación a distancia de emergencia ¿cómo se concibe el futuro de la virtualización?

La incertidumbre que la pandemia ha generado en la sociedad mundial ha impactado en el ámbito de la enseñanza universitaria, instalando un debate acerca de cómo se sigue y los modos más lógicos de continuar en el supuesto que se instale una nueva "normalidad". En este contexto, los estudiantes, docentes, instituciones y organismos gubernamentales se encuentran aún aprendiendo (Grande de Prado *et al.*, 2020).

Los entrevistados reflexionaron sobre cuánto de la virtualidad quedará, los modos que consideran más adecuados para dar curso a la salida de la virtualización forzada por la pandemia y se plantearon algunas problemáticas que los preocupan como si la presencia de los recursos creados termine por minimizar el rol docente transformándolo en un mero tutor o un guía que acompaña al estudiante en su trayectoria sobre una plataforma.

Al momento de realizar las encuestas, consultados sobre cómo concebían el futuro de la virtualización en lo inmediato, el 64,2% indicó que mientras dure la pandemia propondrían una salida de la virtualidad de tipo gradual, que mantuviera parte del trabajo en forma virtual y parte en forma presencial. Al realizar las entrevistas, los docentes mantienen la idea de que mucho de la virtualidad va a continuar utilizándose y que la salida será gradual, para el caso de las carreras de grado. También esperan que los recursos y la experiencia generada pueda capitalizarse de manera de enriquecer el trabajo áulico presencial. En el caso de las de posgrado, visualizan que la virtualidad llegó para quedarse.

En cuanto a la forma de delinear la salida de esta virtualización, algunos docentes remarcan la importancia de oír las voces de los distintos actores involucrados, apostando a una construcción colectiva, en un espacio de debates y propuestas, de las estrategias para que esta transición contemple la perspectiva e inquietudes de estudiantes y docentes.

"Democratizar la salida de la pandemia. Darle voz a los docentes y también a los alumnos [generar] *un escenario nuevo que incluya lo virtual, pero en beneficio de todos y no para ajustar presupuesto. (...) puede traer aparejado la reducción de mano de obra. Es un riesgo de todas las áreas del trabajo. Una problemática de la época." Fernando, IPC.*

El **temor por las posibilidades de ajustes en el sistema de educación superior, facilitados por el desarrollo realizado de recursos y experiencias durante este período de virtualización**, estuvo presente en diversas entrevistas.

A su vez, varios entrevistados manifestaron su **preocupación por las condiciones económicas y anímicas en que se encontrarán los estudiantes en el futuro inmediato** y los desafíos que esto traerá a la docencia universitaria.

"Nos vamos a encontrar con alumnos que van a estar cascoteados (...) con un 50% de pobreza... dar clases así (...) va a ser una situación muy compleja." Hernán, Biología.

Algunas reflexiones

De acuerdo a las temáticas planteadas y analizando esta virtualización forzosa podríamos recurrir a lo expuesto en un documento del IESALC (2020) donde se sostiene que:

La pandemia añade un grado más de complejidad crítica a una educación superior que, prácticamente en todo el mundo, pero en particular en la región, ya se enfrentaba a retos no resueltos como un crecimiento sin garantías de calidad, inequidades en el acceso y en los logros o la pérdida progresiva de financiamiento público.

"salimos a enfrentar la emergencia. acompañarlos para que sientan que no estaba todo perdido. Esto era mejor que nada (...) Permitió participar de una situación colectiva con alguna incidencia social en el mantenimiento de cierta tranquilidad en medio de la incertidumbre. (...) Todo se tiene que encuadrar en la emergencia, para eso estuvo muy bien. Es un vínculo con la vida." Susana, Semiología.

En relación a las principales dificultades de los estudiantes de educación superior durante la pandemia los resultados sugieren que las principales preocupaciones son el **aislamiento social, las cuestiones financieras, la conectividad a internet y, en general, la situación de ansiedad relacionada con la pandemia**; haber experimentado ansiedad y depresión como resultado de la crisis... con la realidad de una baja conectividad en los hogares en los países de ingresos bajos y medios.

En general, no parece que el cambio de modalidad haya sido recibido muy positivamente. También se señala que en parte esa desafección proviene del hecho de que el contenido que se ofrece no fue diseñado en el marco de un curso de educación superior a distancia, sino que **se ha intentado paliar la ausencia de clases presenciales con clases virtuales sin mayor preparación previa**. En este punto podemos señalar que esta temática aparece en las opiniones de los docentes entrevistados.

En general, los grandes temas que se han planteado serían:

- **La replanificación de los cursos, originalmente pensados para la presencialidad**, de una manera distinta en **un tiempo récord**. Esta labor exigió **digitalizar completamente el material de estudio**.
- Se manifestó gran preocupación por la escasa participación de los estudiantes (ingresantes) en los foros y en las clases virtuales.
- Se señaló que la mayoría de los estudiantes permanecen con sus cámaras apagadas o simplemente no tienen una.
- Se remarcó que la **adecuación forzada a la virtualidad demandó el recorte de contenidos, la baja del nivel de exigencia a fin de disminuir la deserción, la toma de evaluaciones con un control discutible**.
- Se produjo la **ruptura con la forma tradicional de enseñanza, que interpeló a todos los docentes** en un contexto incierto.
- Existió una **indefinición de los límites entre el tiempo y el espacio dedicado a la enseñanza y el tiempo y espacio propios del ámbito de lo privado**.
- Se remarcó que hubo problemas de conectividad, y de accesibilidad de los estudiantes, por la situación económica general y por las condiciones de vida en cuarentena, circunstancias mencionadas como obstáculos para la participación en encuentros virtuales.
- Se planteó que los docentes también tuvieron que afrontar la tarea de equiparse tecnológicamente (comprar cámaras y mi-

crófonos, mejorar la banda de internet, cambiar el modem) y lidiar con la imposibilidad de acceder a mejores servicios de internet en sus zonas de residencia.
- Se manifestó el temor por las posibilidades de ajustes en el sistema de educación superior, facilitados por el desarrollo realizado de recursos y experiencias durante este período de virtualización.
- No había una preparación previa para las clases virtuales y en muchos casos se pensó que se trataba de algo acotado.
- Se armó una **planificación de emergencia**, en algunos casos se trató de un paso de la modalidad presencial a la virtual en una semana.

Son muchos los docentes que, al no contar con experiencia previa en educación a distancia y no habiendo tenido tiempo suficiente sus instituciones para formarles adecuadamente, se han apropiado de todos los medios de comunicación no presencial a su alcance para desarrollar lo que se ha dado en llamar **educación a distancia de emergencia** o, también se utiliza el término *Corona teaching* para definir como el proceso de "transformar las clases presenciales a modo virtual, pero sin cambiar el currículum ni la metodología" (p. 26). Esta entrada abrupta en una modalidad docente compleja, con múltiples opciones tecnológicas y pedagógicas, y con una curva de aprendizaje pronunciada puede saldarse con resultados poco óptimos, frustración y agobio debido a la adaptación a una modalidad educativa nunca antes experimentada sin la correspondiente capacitación para ello.

Coincidiendo este informe con la situación de agobio docente, pues la centralidad del proceso estuvo puesta en el aprendizaje del estudiante. Sin embargo, agrega este informe que:

> *... el término Corona teaching también se utiliza para referirse a un fenómeno socioeducativo emergente con implicaciones psico-afectivas, tanto en profesores como en estudiantes.*

Es interesante esta perspectiva que plantea un fenómeno emergente en el campo de la educación. Se trataría de algo parecido a un síndrome experimentado por el docente o el estudiante al sentirse abrumado por recibir información excesiva a través de las plataformas educativas, aplicaciones móviles y correo electrónico.

A esto se le puede añadir la frustración e impotencia derivadas de las limitaciones en la conectividad o de la **falta de know-how para la operación de plataformas y recursos digitales** (p.2).

Las escuelas y la mayor parte de las universidades, públicas y privadas (Ferrante, 2020), diseñaron con destreza y sin tiempo para el shock modos de estar presentes en la ausencia. **Más allá** de los modos de conexión, quedó en evidencia que el trabajo docente es irreemplazable y necesitamos revalorizarlo, por eso quienes no habían entrado nunca en el universo de la educación virtual, detectaron muy rápidamente que la virtualidad no funciona si se piensa como una presencialidad de otro tipo.

Es otra lógica y requiere pensarse desde otro lugar. Incluso con plataformas de video conferencias que nos permiten encuentros sincrónicos y multitudinarios, los encuentros que se producen son específicamente virtuales.

Muchas universidades han multiplicado la oferta de cursos y carreras a distancia en forma virtual, la tendencia se ha profundizado.

Este fenómeno emergente deberá ser tema de debate en la comunidad educativa de modo de poder retomar la presencialidad adecuadamente y poder incorporar, a su vez, aquellos elementos que se consideren valiosos de utilizar en el futuro en un modelo que adapte aquellos elementos aprendidos y utilizados en la virtualidad para potenciarlo en los sistemas educativos.

En un contexto dinámico, con respecto al cual la experiencia es limitada y la capacidad de evaluación a mediano y largo plazo es acotada, pensar los escenarios de la educación superior en un futuro inmediato resulta una tarea tan compleja como necesaria.

Bibliografía

Cardelli, J. (2007) "Educación superior, transnacionalización y virtualización. Un estudio de caso en Argentina". En López Segrera, Francisco *Escenarios mundiales de la educación superior. Análisis global y estudios de casos.* Buenos Aires: CLACSO, Consejo Latinoamericano de Ciencias Sociales.

Causa, M; Lastra, K. F. (2020) "Universidades públicas de la Región Metropolitana: algunas líneas estratégicas de acción para garantizar la inclusión en el contexto de la Pandemia Covid-19" En *Trayectorias Universitarias*, UNLP Vol. 6 N° 10, pp. 1-17. https://revistas.unlp.edu.ar/TrayectoriasUniversitaria

Consejo Interuniversitario Nacional. (2020). "Algunas cuestiones normativas relacionadas con decisiones sobre validez, evaluación, acreditación y dictado de las carreras en las instituciones universitarias públicas durante el actual período de emergencia sanitaria". Documento Anexo del Acuerdo Plenario N° 1103/20 En: https://academica.fcm.unc.edu.ar/wp-content/uploads/sites/7/2020/05/DOCUMENTO-FINAL-Cuestiones-normativas-durante-la-emergencia-COVID.pdf

Decreto Aislamiento Social Preventivo y Obligatorio (2020). Decreto Presidencial N° 297/2020. *Boletín Oficial de la República Argentina.*

Grande de Prado, M.; García-Peñalvo, F. J.; Corell, A; Abella García, V. (2020) "La virtualización causada por el Covid-19: recomendaciones para la evaluación". En M. Cid, N. Rajadell-Puiggròs y G. Santos Costa (Eds.), *Ensinar, avaliar e aprender no ensino superior: Perspetivas internacionais* (pp. 231-250). Évora, Portugal: Centro de Investigação em Educação e Psicologia da Universidade de Évora

Guadagni Alieto, Remontar el retroceso en la Educación en Sección Debate, Diario Clarín, 10/02/2021

Ferrante Patricia, La educación virtual, más allá de la pandemia. UNI-PE Digital. 30/04/2020 https://www.perfil.com/noticias/

opinion/coronavirus-educacion-virtual-mas-alla-pandemia-covid19.
IESALC (2020) "COVID-19 y Educación Superior: De los efectos inmediatos al día después. Análisis de impactos, respuestas políticas y recomendaciones". UNESCO-IESALC. Coordinado por Francesc Pedró. Disponible en: http://www.iesalc.unesco.org/wp-content/uploads/2020/05/COVID-19-ES-130520.pdf
Iriarte Alicia, (comp.) Andrés Mombrú Ruggiero (editor) (2020).Los Sistemas de Educación Superior y La Transnacionalización en Latinoamérica. Tendencias, Modalidades y Estrategias en la Actualidad L.J.C Ediciones. Bs As, agosto ISBN 978-987-95828-8-6 Link en Repositorio Digital Institucional de la UBA es: http://repositoriouba.sisbi.uba.ar/gsdl/cgi-bin/library.cgia=d&c=libuba&cl=CL1&d=HWA_3548
Iriarte A., Cravino A., Rango M. Revista eletrônica de Didáctica en Educación Superior. (2019) Revista REDES Nº 17. La Internalización de la Educación superior: La Educación Transnacionalización a distancia. Ventajas y riesgos. UBA. octubre 2019. ISSN 1853-3159.
Larraguivel, Estela. (2020). "La práctica docente universitaria en ambientes de educación a distancia. Tensiones y experiencias de cambio". En: *IISUE. Educación y pandemia. Una visión académica*, México, UNAM. En. http://www.iisue.unam.mx/nosotros/covid/educacion-y-pandemia
Rama, C. (2012). *La reforma de la virtualización de la universidad El nacimiento de la educación digital*, México: Universidad de Guadalajara Sistema de Universidad Virtual

2020, el año en que la Enseñanza se virtualizó: Un estudio de Caso

Manuel Alonso[9]

Desde 2020, la pandemia del SARS-COV-2 convirtió a la virtualidad en la única alternativa, durante todo el año, para llevar adelante la labor docente en los distintos niveles educativos. Actualmente, ya comenzado el ciclo lectivo 2021, la persistencia del virus ocasionó que la referida modalidad continúe, al menos para la educación superior. Así, pues, al igual que el resto de las instituciones educativas, la Universidad tuvo que adecuarse a esta nueva condición. En nuestro caso particular, en nuestra cátedra del Ciclo Básico Común, primer año de estudios de la Universidad de Buenos Aires, tuvimos que adaptar a este nuevo contexto la enseñanza de las dos asignaturas que dictamos: Biología y Biología e Introducción a la Biología Celular. Contábamos con una buena experiencia en el manejo de TIC, debido, en gran parte, al programa UBATIC de la Universidad de Buenos Aires, en el que participamos con distintos proyectos, desde su inicio en 2011. Además, nuestro proyecto UBANEX de extensión universitaria —fi-

---

[9] El Doctor Manuel Alonso es Profesor Titular regular del Departamento de Ciencias Biológicas del Ciclo Básico Común de la Universidad de Buenos Aires, y coautor de publicaciones tanto de Biología Celular como de Didáctica de las Ciencias Biológicas, las dos áreas en las que focaliza su actividad como docente-investigador.

nanciado también por nuestra Universidad— nos permitió familiarizarnos con la elaboración y la utilización de material digital accesible para estudiantes con discapacidad visual. De este modo, con todo este bagaje de habilidades, dimos el salto a la virtualidad completa y enfrentamos esta nueva situación con una cierta seguridad. Sin embargo, la tarea no dejó de ser un desafío repleto de obstáculos y aprendizajes para nosotros y para nuestros estudiantes. En este artículo, describimos algunos aspectos tecnológicos y didácticos relacionados con la implementación de los recursos que posibilitaron adaptarnos al nuevo entorno de enseñanza, y los satisfactorios resultados obtenidos en el difícil contexto que la pandemia nos impuso.

Pandemia, aislamiento social y virtualidad

La pandemia del SARS-COV-2, que condujo en una primera instancia a un aislamiento social preventivo y obligatorio, convirtió a la virtualidad en la única alternativa para llevar adelante la labor docente en los distintos niveles educativos, durante todo 2020, y, hasta el momento de escribir este artículo, continúa siendo la única alternativa para 2021, al menos en la educación superior. Así, pues, del mismo modo que en el resto de las diferentes unidades académicas, en el Ciclo Básico Común, primer año de estudios de la Universidad de Buenos Aires, tuvimos que adecuarnos a esta nueva forma de enseñanza; y, en el caso particular de nuestra cátedra, para dictar las asignaturas Biología y Biología e Introducción a la Biología Celular (BIBC). La materia Biología es cursada por estudiantes de la licenciatura en Psicología, Terapia Ocupacional, licenciatura en Musicoterapia, Veterinaria, Tecnicatura Universitaria en Gestión Integral de Bioterios, licenciatura en Gestión de Agroalimentos, Agronomía, licenciatura en Ciencias Biológicas, y licenciatura en Paleontología. Por su parte, la asignatura BIBC es cursada por estudiantes de Medicina, Odontología, Farmacia y Bioquímica, licenciatura en Nutrición, licenciatura en Ciencias y Tecnología de Alimentos.

En un primer momento, la incertidumbre y las dudas acerca de cómo podríamos llevar a cabo esta tarea fueron muchas. En estas líneas, solo pretendemos describir de qué forma y con qué herramientas tecnológicas y didácticas trabajamos, y presentar los resultados obtenidos. No pretendemos analizar las consecuencias que se derivan de todo este contexto inédito, para ello existen especialistas que desde el comienzo se han dedicado a analizar aspectos sociológicos del asunto. Por otra parte, los entornos virtuales de enseñanza y aprendizaje (EVEA) ya llevan muchos años de desarrollo y son numerosos los estudios acerca de sus fortalezas y debilidades y de los resultados de su implementación[10].

En este artículo, nos proponemos relatar nuestra experiencia, para hacer frente a una situación de la que no existía experiencia previa, compleja en muchos aspectos, entre ellos el educativo. Nuestro objetivo se centró en tratar de que nuestros estudiantes lograran el mejor aprendizaje posible, y que sostuvieran la cursada pese a las circunstancias inciertas que se presentaban.

Consideramos que una situación como la que nos tocaba vivir, y que se precipitó sin más, debería requerir de una atención especial a nuestros estudiantes. Casi la totalidad de ellos iban a tener su primer encuentro con la vida universitaria, en un contexto muy distinto al habitual. Se encontrarían, sin duda, con dificultades a la hora de acceder tanto a la información administrativa y como a la académica. El entorno universitario, de por sí nuevo para ellos, ahora se hacía incierto y más complicado con estas circunstancias. Decidimos que debíamos ponernos en contacto con ellos lo antes posible, y acompañarlos en todo este itinerario de modo de evitar la deserción prematura en el difícil contexto que la pandemia nos impuso.

---

[10] Un interesante estudio acerca de los EVEA puede encontrarse en Svensson, V. C. (2021). "Propuesta metodológica de análisis para los Entornos Virtuales de Enseñanza y de Aprendizaje. EVEA", Tesis de Maestría. Universidad Nacional de Lanús, Departamento de Humanidades y Artes, Maestría en Metodología de la Investigación Científica, Remedios de Escalada, Lanús, Provincia de Buenos Aires, Argentina.

Antecedentes

En el caso particular de nuestra cátedra, contábamos con un buen bagaje de recursos y formación en TIC, y estábamos familiarizados de una u otra forma con aspectos de la enseñanza virtual. Desde 2007, disponíamos de un sitio Web que permitía comunicarnos con nuestros estudiantes, y brindarles información tanto administrativa como sobre los contenidos de las asignaturas. Por otra parte, habíamos adquirido una buena experiencia en la utilización de TIC debido, al visionario programa UBATIC de la Universidad de Buenos Aires, en el que participamos con distintos proyectos[11,12,13], desde su inicio en 2011. Asimismo, desde ese año, habíamos incorporado la utilización de una página de Facebook para cada una de las comisiones de estudiantes, mediante la cual podían interactuar directamente con su docente y con sus compañeros, fuera del horario de clase[14].

---

[11] Aprovechamos para reconocer la labor de los integrantes del prestigioso Centro de Innovación en Tecnología y Pedagogía de la UBA (CITEP) que nos acompañaron permanentemente en estos proyectos.

[12] Alonso, M.; Bekerman, D.; Echagüe, L., Garófalo, S. J.; Farré, A.; Abasolo, M. I.; Stella, S. (2016). "El lenguaje estereoquímico de la vida. El uso de TIC como recurso para la enseñanza de procesos biológicos que implican reconocimiento molecular". En Memorias de las XII Jornadas Nacionales y VII Congreso Internacional de Enseñanza de la Biología y III Congreso Internacional de Enseñanza de las Ciencias (CIEC) organizado por la Asociación de Docentes Biología de la Argentina (ADBIA). Buenos Aires, Argentina, 5, 6 y 7 de octubre.

[13] Alonso, M.; Abasolo, M. I.; Álvarez, M.; Ambrosini, C.; Bekerman, D.; Carballo, S.; Chapela, S.; Echagüe, L.; Farré, A.; Garófalo, S. J.; Paczkowski, M.; Shmidt, M.S.; Stella, C.; Vaccaro, E. (2019). "El lenguaje estereoquímico de la vida". En *UBATIC. Tecnologías digitales en la enseñanza*. Buenos Aires: Eudeba.

[14] Álvarez, M.; Paczkowski, M.; Sánchez, M.; Monti Hughes, A.; Carballo, S.; Alonso, M. (2012). "Facebook como auxiliar en clases numerosas de biología en el Ciclo Básico Común de la Universidad de Buenos Aires". En Bedoya A (Ed.), *Memorias 8ªJornadas sobre Material Didáctico y Experiencias Innovadoras en Educación Superior*, Buenos Aires: Ciclo Básico Común de la Universidad de Buenos Aires. Centro Universitario Regional Paternal, Universidad de Buenos Aires, 7-8 de agosto. ISBN 978-950-29-1376-6.

Además, en 2013, obtuvimos financiación para un proyecto de extensión UBANEX —financiado también por nuestra Universidad— que nos permitió familiarizarnos con la elaboración y la utilización de material digital accesible para estudiantes con discapacidad visual, así como actualizar y adecuar nuestro sitio Web[15], haciéndolo accesible para personas con discapacidad visual[16].

De este modo, con todas estas habilidades y recursos tecnológicos, dimos el salto a la virtualidad completa y enfrentamos la nueva situación con una cierta seguridad. Sin embargo, la tarea no dejó de ser un desafío repleto de obstáculos y aprendizajes para nosotros y para nuestros estudiantes.

Organización para la enseñanza de las asignaturas en forma virtual

Dada la experiencia de su utilización durante la presencialidad, decidimos que nuestro sitio Web sería la plataforma de contacto adecuada para trabajar con nuestros estudiantes. En el sitio publicamos tanto información administrativa como información relacionada con los contenidos. Además del sitio, utilizamos una serie TIC que nos permitieron generar un ambiente virtual de trabajo, estudio y comunicación permanente con los estudiantes y entre los estudiantes, que enumeramos a continuación y resumimos en el Cuadro 1:

---

[15] www.elarboldedarwin.net
[16] Alonso, M.; Ambrosini, C.; Carballo, S.I.; Lo, Tai En (2019). "Accesibilidad de material de estudio para estudiantes con discapacidad visual. Docentes y estudiantes del Ciclo Básico Común en la construcción de una educación inclusiva". Seminario de discapacidad: los temas en debate 2019. Universidad, accesibilidad y sociedad. En Universidad de Buenos Aires, Facultad de Ciencias Veterinarias, 04/10.

1. Campus virtual del CBC www.cbccampusvirtual.uba.ar: esta plataforma es fundamental para el primer contacto con los estudiantes, dado que, al otorgárseles la asignación de curso, deben acceder a este campus donde está cargada la información de cada cátedra.
2. Sitio Web de la cátedra (www.elarboldedarwin.net) que contiene:
   a. Material de estudio: clases con diapositivas, actividades, ejercitación con modelos de parciales de respuesta de opción múltiple que se autocorrigen, califican y proveen una explicación de cada una de las opciones de cada pregunta, guía de actividades, referencias bibliográficas, enlaces a otros sitios de interés, tanto relacionados con los temas a tratar como de ciencia en general y de reflexiones epistemológicas acerca de la actividad científica, videos, simulaciones y animaciones, y texto. Asimismo, contiene tutoriales para la resolución de los exámenes.
   b. Información administrativa relacionada con la cursada (cronogramas, horarios de clases y tutorías para cada comisión, régimen de aprobación, etc).
3. Correo electrónico para responder dudas administrativas de los estudiantes.
4. Plataforma para videoconferencia sincrónica para el dictado de clases y tutorías, y para tomar exámenes. Luego de algunas pruebas se decidió utilizar la plataforma GMeetde Google.
5. Grupos de wasap: se animó a los estudiantes de cada comisión a que formaran grupos de wasap de modo que estuvieran comunicados permanentemente para que las novedades se transmitieran con mayor fluidez. En estos grupos no intervienen los docentes.

TIC utilizadas para la enseñanza (Cuadro 1).

Se detallan las TIC que se utilizan normalmente en la presencialidad y las que se utilizan durante el dictado virtual de las asignaturas Biología y Biología e Introducción a la Biología Celular.

TIC utilizadas	Presencial (hasta febrero 2020)	Virtual (desde mayo 2020)
Sitio Web www.elarboldedarwin.net con los siguientes contenidos:	✓	✓
Presentaciones con diapositivas	✓	✓
Videos	✓	✓
Simulaciones	✓	✓
Avisos con las novedades de la cursada (p.e. fechas de exámenes, fechas de revisión de exámenes, etc.)	✓	✓
Exámenes de práctica en línea ("parcialitos")	✓	✓
Guía de actividades	✓	✓
Enlaces a sitios de interés (p.e, revistas y libros de divulgación científica en línea y de acceso libre y gratuito)	✓	✓
Información administrativa (p.e, calendario académico, cronogramas de clase, contenidos mínimos, régimen de aprobación, comisiones y horarios, tutoriales para la resolución de exámenes sincrónicos).	✓	✓
Facebook (uno por docente) para las siguientes actividades:	✓	✓
Respuestas breves de preguntas de contenido (similar a un foro).	✓	✓
Sociabilización entre estudiantes.	✓	✓
Disponibilidad de material de clases elaborado por cada docente.	✓	✓
Videoconferencias sincrónicas para las siguientes actividades:		✓
Clases regulares de la asignatura: en la sala virtual se utilizan presentaciones con diapositivas, videos, simulaciones y "pizarra digital" (improvisada con el programa "Paint" contenido en los accesorios de Windows).		✓
Tutorías		✓
Clases especiales		✓
Revisión de exámenes		✓
Exámenes parciales y finales		✓

Cuadro 1. TIC utilizadas para la enseñanza.

Desarrollo de las actividades de enseñanza y aprendizaje para el dictado de las asignaturas

En primer lugar, antes del comienzo, se envió a todos los estudiantes un correo electrónico de bienvenida con las siguientes indicaciones para iniciar el primer trayecto de la asignatura (acompañamiento académico que dispuso el CBC para el mes de mayo de 2020):

1. Sitio Web www.elarboldedarwin.net donde debían registrarse. El sitio indica que cuenta con las pautas de accesibilidad para personas ciegas o con discapacidad visual.
2. Enlace para las salas en la plataforma GMeet de Google, donde tendrían lugar por **videoconferencia** sincrónica para cada comisión las clases de presentación, las clases regulares de las asignaturas, y las clases de tutorías.

Clase de presentación: durante la primera semana de clase, en horarios diferentes a los asignados para cada comisión, tuvo lugar la clase de presentación por videoconferencia sincrónica, a cargo del profesor titular. Nos planteamos como objetivos de esta clase acercar a nuestros estudiantes la Universidad y particularmente el CBC, que se sientan contenidos y acompañados en esta nueva modalidad de trabajo que las circunstancias imponían. Asimismo, tratamos de despejar, dentro de lo posible, la incertidumbre que pudieran presentar con su primer año de estudios universitarios en esta situación.

Así, pues, se explicó de qué forma se llevaría a cabo la cursada, las principales normas a tener en cuenta, cómo serían las evaluaciones, y una descripción de nuestro sitio Web, de modo de facilitar su navegación y de que tuvieran conocimiento de toda la información y todos los recursos que encontrarían en el sitio. Se realizaron videoconferencias sincrónicas para cada una de las comisiones de estudiantes, agrupadas por banda horaria. En estas clases los estudiantes formaron los grupos de whatsapp mencionados.

Clases regulares: consideramos esencial la comunicación permanente con nuestros estudiantes, para llevar a acabo de la mejor forma posible los procesos de enseñanza y de aprendizaje. En todos los casos, priorizamos la interacción docente-estudiante de modo que fuera lo más fluida posible. Por este motivo, la clase presencial habitual fue *reemplazada por la clase "presencial virtual"* que se lleva a cabo mediante *video conferencia sincrónica*. De este modo, los estudiantes de cada comisión entraban en la sala de videoconferencia indicada y participaban de sus clases virtuales con su docente, con la misma frecuencia y duración que tienen asignadas las clases presenciales: 2 veces por semana, tres horas cada vez, y en los días y banda horaria en que funcionaría cada comisión en la presencialidad.

Dada la posibilidad de contar con materiales informáticos generados previamente tales como presentaciones con imágenes, videos, resolución de ejercicios, etc., se trató de mantener una dinámica similar a la de las clases presenciales, agregando ahora la **"pizarra virtual"**. Además, se trató de que el docente asignado a cada comisión, fuera el mismo con quien los estudiantes seguirían cursando, si se volviera a la presencialidad. En esta dinámica de trabajo, sin duda, lo más importante para resaltar fue la presencia del docente en vivo interactuando con los estudiantes. Este punto fue esencial; no se utilizó en ningún caso de clases grabadas, sino de clases sincrónicas, interactivas, en las que los estudiantes pudieran "levantar la mano" y preguntar todo aquello que no entendieran. Clases en las que el docente, pudiera proporcionar explicaciones de acuerdo con las necesidades e inquietudes de los estudiantes, y guiarlos según la demanda de estos.

Tutorías: también mediante videoconferencia sincrónica dos veces por semana, en horarios establecidos, en distintos turnos (6 horas por semana como mínimo), a cargo del profesor titular, con una clase de refuerzo para temas específicos de la alguna de las asignaturas. El objetivo de las tutorías, no fue solamente aclarar dudas de los contenidos, sino también de ayudar a los estudiantes con su aprendizaje.

Los estudiantes universitarios novatos no siempre cuentan con las habilidades necesarias para el manejo del abundante material bibliográfico que deben utilizar —a veces muy diferente del que han utilizado en el nivel medio—, muchas veces manifiestan dificultades para la toma de apuntes, o no pueden organizarse para el estudio. En estos espacios de tutorías, se trató de orientarlos y proporcionarles metodologías de estudio, además de aclarar las dudas de contenido. Nuevamente, como en las clases regulares, consideramos fundamental la interacción sincrónica del docente con los estudiantes mediante una comunicación con audio y video, de forma que pudieran expresar sus dudas e inquietudes y que se estableciera una comunicación dialógica entre ambos. Esta modalidad de trabajo, tanto para las clases como para las tutorías se sostuvo durante todo el cuatrimestre.

Evaluaciones

Dada la imposibilidad de tomar exámenes parciales presenciales, se tomaron dos evaluaciones parciales formativas virtuales, de acuerdo con lo indicado por las autoridades de la Universidad y del CBC. La primera evaluación abordó los contenidos de la primera parte de la asignatura y la segunda evaluación los contenidos de la segunda parte. Asimismo, previamente a cada una de estas evaluaciones se tomaron dos "parcialitos" cada uno con los contenidos trabajados hasta el momento, con el mismo formato que el de los parciales. Las evaluaciones formativas aprobadas permitieron acreditar la regularidad de la asignatura y adquirir el derecho de rendir el examen final (conforme con las resoluciones de las autoridades).

Características de la evaluación

Los exámenes tuvieron la modalidad de preguntas con respuestas de opción múltiple ("multiple choice"), del mismo tenor que los tomados habitualmente en la cursada presencial. Los exámenes se ubican en nuestro sitio Web, en un formulario con temporizador, en el cual preguntas y opciones cambian aleatoriamente de orden. Se corrigen automáticamente, y se genera una planilla de cálculo con la puntuación (cantidad de preguntas respondidas correctamente sobre el total), y la nota correspondiente. El acceso a todas las evaluaciones requiere que los estudiantes ingresen en el sitio Web donde se registraron al inicio del cuatrimestre, y donde sólo mediante la contrastación de su número de DNI con el del listado oficial, pueden generar un usuario y una contraseña para acceder.

De acuerdo con las disposiciones vigentes, estas evaluaciones tienen carácter exclusivamente formativo, sin valor a los efectos de la promoción de las asignaturas y se califican como aprobadas o insuficientes. No obstante, preparan a los estudiantes para la situación del examen final, y les permiten tomar consciencia acerca de su aprendizaje; principalmente si han alcanzado los objetivos de aprendizaje relacionados con información, comprensión y aplicación[17]. Sin embargo, la posibilidad de considerar las calificaciones numéricas obtenidas, sirve como indicativo de su preparación para abordar el examen final, por lo cual estas fueron proporcionadas al solo efecto informativo.

Parcialitos: estos instrumentos presentan el mismo formato que las evaluaciones formativas, pero están divididos en dos tramos para cada parcial. Una vez resueltos, se activa la devolución automática, en la que se indica la respuesta correcta y una explicación de cada una de las opciones que incluyen hipervínculos con más información del contenido específico. Asimismo, en las tutorías se atienden las dudas que hubieran surgido al resolverlos.

---

[17] Bloom, B.S. and Krathwohl, D. R. (1956). *Taxonomy of Educational Objectives: The Classification of Educational Goals, by a committee of college and university examiners*. Handbook I: CognitiveDomain. New York: Longmans, Green.

Tanto las evaluaciones parciales como el examen final se resolvieron en forma sincrónica. Los estudiantes accedieron a una sala virtual, con video y audio, en el horario establecido para rendir el examen, de modo que tuvieron comunicación permanente con el docente a cargo de la sala durante todo el examen (2 horas aproximadamente). Se tomó asistencia, y se solicitó presentar documento de identidad en algún momento del examen y/o al enviar el formulario.

Presencialidad vs. virtualidad: los primeros resultados. Un análisis comparativo (2019-2020)

Nos preguntamos cuáles serían los resultados de la cursada, dado que se trataba de la primera experiencia de modalidad completamente virtual tanto para los estudiantes como para sus docentes. Por ello, decidimos estudiar algunos indicadores obtenidos en 2019, con cursada presencial, con los del 2020.

En primer lugar, comparamos **el nivel de deserción en ambos años** para cada materia, en nuestra cátedra. En Biología, se observó el 47,60% de deserción en el primer cuatrimestre de 2019 y el 49,53% en el primero de 2020. En el segundo cuatrimestre de 2019 la deserción fue del 56,45% y, en el segundo de 2020 llegó al 58,48% (Figura 1). En BIBC, 56,95% en el primer cuatrimestre de 2019 y 48,26% en el primero de 2020; mientras que en el segundo cuatrimestre de 2019 la deserción fue del 63, 89,45%, en el segundo de 2020 llegó al 60,39% (Figura 2). Se observa que, pese a las nuevas condiciones de cursada, *la deserción en Biología fue similar, y, en BIBC, fue aún menor durante la cursada virtual.*

Al comparar los **estudiantes que lograron regularizar las asignaturas**, se observaron interesantes resultados, sobre todo los referidos a los primeros cuatrimestres de cada año.

Ante todo, cabe aclarar que las condiciones para regularizar las asignaturas durante la virtualidad fueron distintas a las que habituales. Por una parte, no existió la posibilidad de promoción directa, y, además, se debían aprobar las dos evaluaciones parciales formativas para acceder al final, con la posibilidad de recuperar una sola de ellas. En contraposición, en las cursadas hasta 2019, el estudiante podía regularizar la asignatura promediando la nota de los dos parciales, es decir que podía llegar a final con uno de los parciales desaprobados, siempre y cuando el promedio de ambos fuera 4 o superior. Por otra parte, existía la posibilidad de promocionar, si se promediaba 7, y ninguno de los dos parciales estuviera desaprobado. Nos detuvimos en esta explicación por dos motivos.

En primer lugar, para mencionar que la aprobación de las asignaturas durante la virtualidad tuvo exigencias importantes, y, pese a ello, *observamos un mayor porcentaje de estudiantes que lograron llegar a rendir el examen final*. En segundo lugar, para comprender cómo se efectuaron los cálculos que dieron origen a los porcentajes presentados. El porcentaje de estudiantes que regularizó la asignatura, durante cada cuatrimestre de 2020, surge directamente de considerar aquellos que aprobaron cada una de las dos evaluaciones parciales formativas (con el derecho a recuperar una sola de ellas). En cambio, el porcentaje de estudiantes de 2019 surge de sumar el número de estudiantes que promediaron ambas evaluaciones con 4 —también con el derecho a recuperar una de ellas— más el número de estudiantes que promocionó la materia, y que, por tanto, también se debe considerar que la regularizó. A partir de estas consideraciones, podemos analizar los datos obtenidos.

Figura 1. Deserción de estudiantes de Biología en los dos cuatrimestres 2019 (con presencialidad) y en los dos cuatrimestres 2020 (virtualidad). Los resultados se calcularon sobre el total de estudiantes inscriptos que cursan en las 11comisiones del primer cuatrimestre de cada año y en las 9 comisiones que cursan en el segundo cuatrimestre de cada año. Cantidad de inscriptos: C1, 2019 = 1061; C2, 2019 = 806; C1, 2020 = 1054; C2, 2020 = 778. El cálculo fue realizado considerando la relación entre el número de estudiantes que

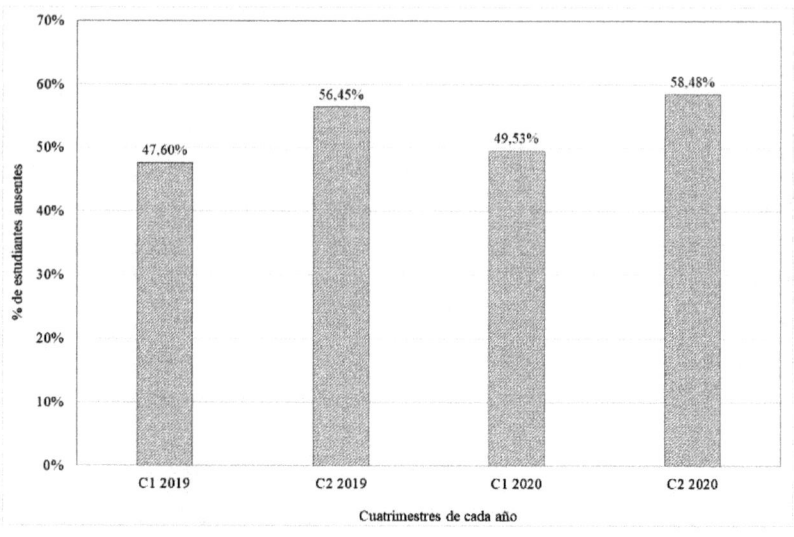

Figura 1. Deserción de estudiantes de Biología en los dos cuatrimestres 2019 (con presencialidad) y en los dos cuatrimestres 2020 (virtualidad).

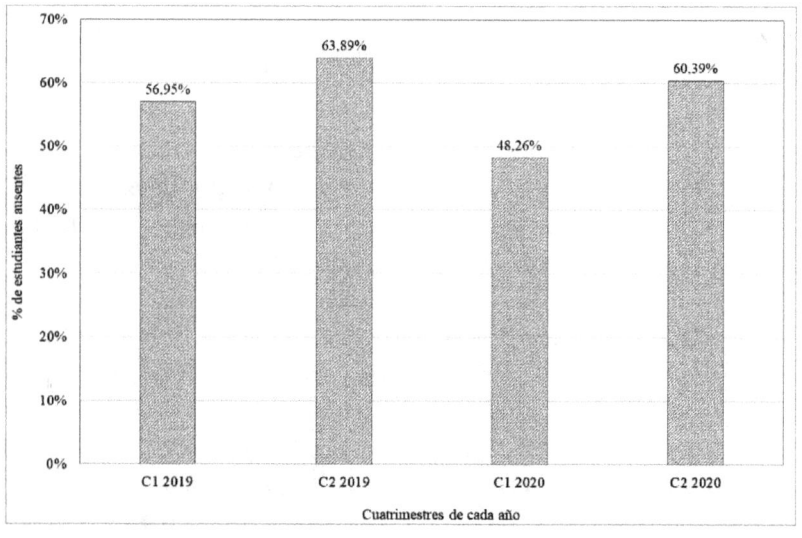

Figura 2. Deserción de estudiantes de BIBC en los dos cuatrimestres 2019 (con presencialidad) y en los dos cuatrimestres 2020

rindió los dos exámenes parciales en cada cuatrimestre y el número de inscriptos correspondiente.

Figura 2. Deserción de estudiantes de BIBC en los dos cuatrimestres 2019 (con presencialidad) y en los dos cuatrimestres 2020 (virtualidad). Los resultados se calcularon sobre el total de estudiantes inscriptos que cursan en las 4 comisiones del primer cuatrimestre de cada año y en las 2 comisiones que cursan en el segundo cuatrimestre de cada año. Cantidad de inscriptos: C1, 2019 = 295; C2, 2019 = 468; C1, 2020 = 230; C2, 2020 = 409. El cálculo fue realizado considerando la relación entre el número de estudiantes que rindió los dos exámenes parciales en cada cuatrimestre y el número de inscriptos correspondiente.

En Biología (Figura 3), el 50,53% logró regularizar la asignatura en el primer cuatrimestre de 2019, mientras que el 72,74% lo hizo en el primer cuatrimestre de 2020 con la cursada virtual. En el segundo cuatrimestre de 2019, regularizó la materia el 47,00% de los estudiantes, mientras que en el segundo cuatrimestre de 2020 llegó a regularizar la asignatura el 56,66%. Estos resultados muestran un mejor desempeño en 2020, pese a que tuvo lugar una cursada totalmente virtual.

Figura 3. Porcentaje de estudiantes de Biología que regularizaron la asignatura en los dos cuatrimestres 2019 (con presencialidad) y en los dos cuatrimestres 2020 (virtualidad). El cálculo para los cuatrimestres con presencialidad (con régimen de promoción directa) fue realizado considerando la relación entre el número de estudiantes que aprobó los dos exámenes parciales y quedó en condición de rendir el examen final —de acuerdo con la reglamentación vigente— u obtuvo la promoción directa, y el número de estudiantes que rindió ambos parciales. Para los cuatrimestres con virtualidad, el cálculo fue realizado considerando la relación entre el número de estudiantes que aprobó los dos exámenes parciales y quedó en condición de rendir el examen final —reglamentación diferente a la vigente en la presencia-

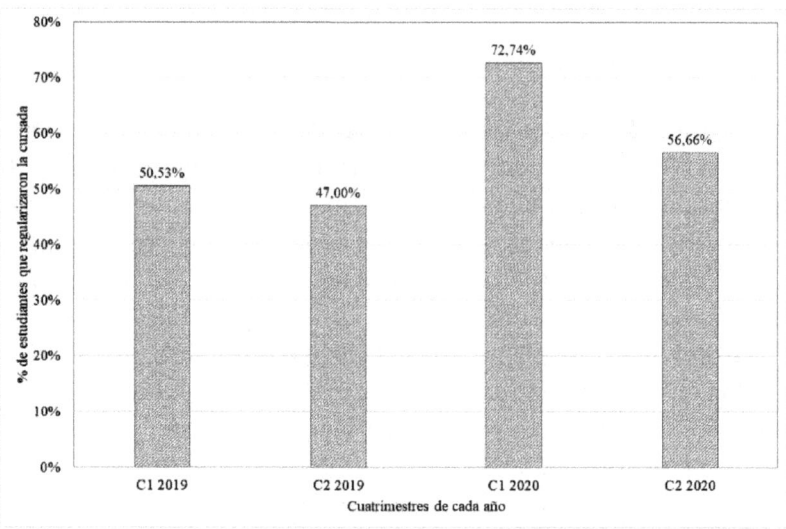

Figura 3. Porcentaje de estudiantes de Biología que regularizaron la asignatura en los dos cuatrimestres 2019 (con presencialidad) y en los dos cuatrimestres 2020 (virtualidad).

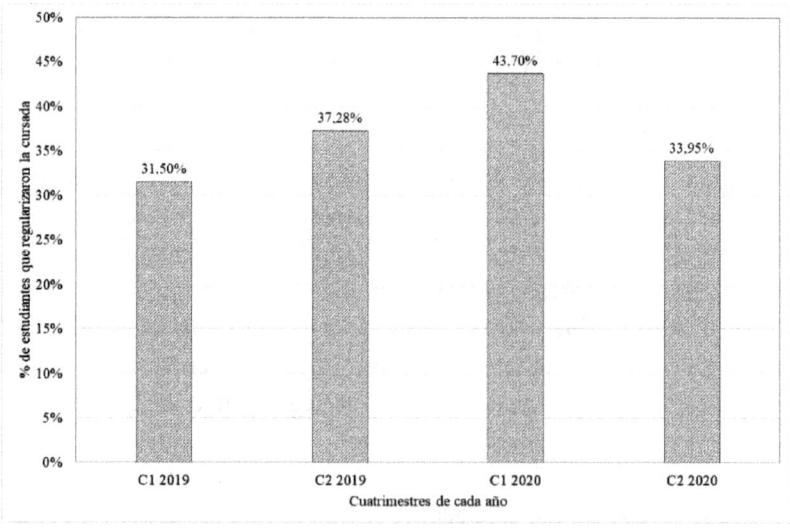

Figura 4. Porcentaje de estudiantes de BIBC que regularizaron la asignatura en los dos cuatrimestres 2019 (con presencialidad) y en los dos cuatrimestres 2020 (virtualidad).

lidad— y el número de estudiantes que rindió ambos parciales. En el texto se encuentran los detalles de las reglamentaciones referidas.

Por su parte, en BIBC (Figura 4), el 31,50% logró regularizar la asignatura en el primer cuatrimestre de 2019, mientras que el 43,70% lo hizo en el primer cuatrimestre de 2020 con la cursada virtual. En el segundo cuatrimestre de 2019, regularizó la materia el 37,28% de los estudiantes, mientras que en el segundo cuatrimestre de 2020 llegó a regularizar la asignatura el 33,95%. Estos resultados muestran un mejor desempeño en el primer cuatrimestre de 2020, en comparación con el mismo cuatrimestre de cursada presencial; y una pequeña disminución en el porcentaje de aprobados del segundo cuatrimestre (año 2020) de cursada virtual en comparación con el segundo de cursada presencial (año 2019), pese a que tuvo lugar una cursada totalmente virtual.

Figura 4. Porcentaje de estudiantes de BIBC que regularizaron la asignatura en los dos cuatrimestres 2019 (con presencialidad) y en los dos cuatrimestres 2020 (virtualidad). El cálculo para los cuatrimestres con presencialidad (con régimen de promoción directa) fue realizado considerando la relación entre el número de estudiantes que aprobó los dos exámenes parciales y quedó en condición de rendir el examen final —de acuerdo con la reglamentación vigente— u obtuvo la promoción directa, y el número de estudiantes que rindió ambos parciales. Para los cuatrimestres con virtualidad, el cálculo fue realizado considerando la relación entre el número de estudiantes que aprobó los dos exámenes parciales y quedó en condición de rendir el examen final —reglamentación diferente a la vigente en la presencialidad— y el número de estudiantes que rindió ambos parciales. En el texto se encuentran los detalles de las reglamentaciones referidas.

Finalmente, decidimos *comparar los porcentajes de estudiantes aprobados en cada asignatura*, teniendo en cuenta exclusivamente las primeras fechas de examen correspondientes a los cuatrimestres de 2019 y de 2020. Para efectuar los cálculos, consideramos como es-

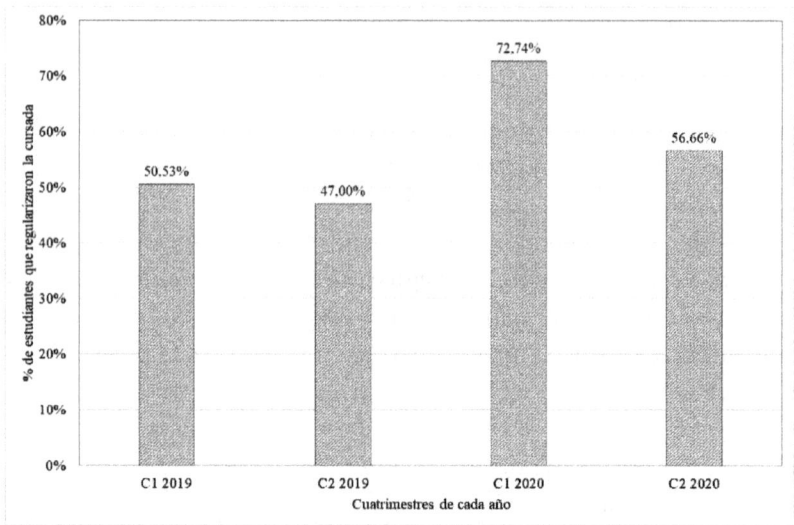

Figura 5. Porcentaje de estudiantes de Biología que aprobaron la asignatura en la primera fecha de examen final en los dos cuatrimestres 2019 (con presencialidad) y en los dos cuatrimestres 2020 (virtualidad).

tudiantes aprobados en 2019 a aquellos que aprobaron el final o que tuvieron promoción directa. En cambio, en el año 2020 no existió la promoción directa, por lo cual los estudiantes considerados corresponden exclusivamente a quienes rindieron y aprobaron el examen final en la primera fecha. Aquellos estudiantes a quienes el final les quedó pendiente son considerados como "estudiantes remanentes".

Con estas consideraciones, observamos que en la asignatura Biología (Figura 5), en el primer cuatrimestre de 2019, (cursada presencial) aprobó el 37,23% de los estudiantes y el 42,29% quedó como remanente, mientras que en el mismo cuatrimestre de 2020 aprobó el 44,55% y al 38,76% le quedó pendiente el examen final. En el segundo cuatrimestre de 2019, aprobó el 36,18% y el 35,51 quedó como remanente. En cambio, en el segundo cuatrimestre de 2020 aprobó el 40,87%, y el 27,87% quedó remanente. Estos porcentajes fueron calculados sobre el total de estudiantes que cursaron la asignatura; es decir, tanto los que regularizaron como los que no lo hicieron (insuficientes).

Figura 5. Porcentaje de estudiantes de Biología que aprobaron la asignatura en la primera fecha de examen final en los dos cuatrimestres 2019 (con presencialidad) y en los dos cuatrimestres 2020 (virtualidad). El cálculo para los cuatrimestres con presencialidad (con régimen de promoción directa) fue realizado a partir del porcentaje de estudiantes que aprobaron el examen final en la primera fecha en relación con los que se presentaron a rendir, dado que habían aprobado los exámenes parciales, y este porcentaje se le sumó el de estudiantes que obtuvieron la promoción directa de la asignatura. Para los cuatrimestres con virtualidad, el cálculo fue realizado considerando el porcentaje estudiantes que aprobó el examen final en relación con los que se presentaron a rendir dado que habían aprobado los dos exámenes parciales (se recuerda que durante la virtualidad no existió la promoción directa).

En relación con BIBC (Figura 6), en el primer cuatrimestre de 2019, (cursada presencial) aprobó el 22,83% de los estudiantes y el 44,00% quedó como remanente, mientras que en el mismo cuatrimestre de 2020 aprobó el 31,00% y al 28,85% le quedó pendiente el examen final. En el segundo cuatrimestre de 2019, aprobó el 30,77% y el 28,95 quedó como remanente. En cambio, en el segundo cuatrimestre de 2020 aprobó el 29,63%, y el 12,73% quedó remanente. Del mismo modo que para los cálculos de la otra asignatura, estos porcentajes fueron obtenidos sobre el total de estudiantes que cursaron la materia; es decir, tanto los que regularizaron como los que no lo hicieron (insuficientes). Observamos un mayor porcentaje de aprobados en el primer cuatrimestre de virtualidad en comparación con el mismo cuatrimestre presencial, y un porcentaje similar de aprobados en el segundo cuatrimestre presencial en comparación con el virtual.

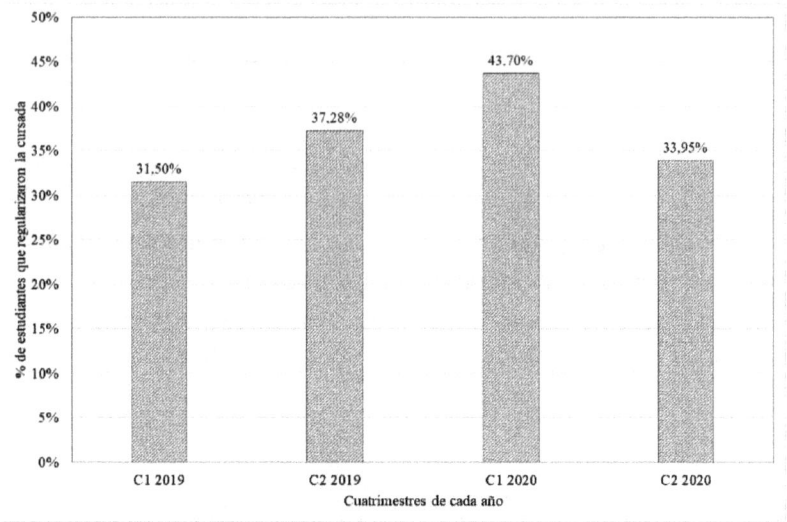

Figura 6. Porcentaje de estudiantes de BIBC que aprobaron la asignatura en la primera fecha de examen final en los dos cuatrimestres 2019 (con presencialidad) y en los dos cuatrimestres 2020 (virtualidad).

Figura 6. Porcentaje de estudiantes de BIBC que aprobaron la asignatura en la primera fecha de examen final en los dos cuatrimestres 2019 (con presencialidad) y en los dos cuatrimestres 2020 (virtualidad). El cálculo para los cuatrimestres con presencialidad (con régimen de promoción directa) fue realizado a partir del porcentaje de estudiantes que aprobaron el examen final en la primera fecha en relación con los que se presentaron a rendir, dado que habían aprobado los exámenes parciales, y este porcentaje se le sumó el de estudiantes que obtuvieron la promoción directa de la asignatura. Para los cuatrimestres con virtualidad, el cálculo fue realizado considerando el porcentaje estudiantes que aprobó el examen final en relación con los que se presentaron a rendir dado que habían aprobado los dos exámenes parciales (se recuerda que durante la virtualidad no existió la promoción directa).

¿Qué aprendimos acerca de la enseñanza completamente virtual con nuestros cursos de estudiantes novatos?

Los resultados presentados aquí permiten comparar el rendimiento académico de nuestros estudiantes en condiciones de presencialidad y de virtualidad durante dos años, cada uno con una de esas modalidades.

En primer lugar, observamos que el *nuevo contexto, durante 2020, no modificó la tasa de deserción,* que en general fue similar a la de los cursos presenciales de 2019, con una disminución importante en el segundo cuatrimestre de 2020 para BIBC que rondó el 15,26%.

En segundo lugar, *hubo un aumento considerable de los estudiantes que lograron regularizar las asignaturas,* pese a que las exigencias durante la virtualidad fueron mayores al no existir la posibilidad de compensar las calificaciones de un examen parcial con las del otro. La única excepción a estos datos, la constituye el resultado de los estudiantes de los segundos cuatrimestres de BIBC, en los que se comprueba una leve disminución en el porcentaje de estudiantes que regularizaron la materia durante la virtualidad.

Finalmente, también el *porcentaje de aprobados en la primera fecha de examen final fue, en todos los casos, mayor durante los cuatrimestres de virtualidad para ambas materias.* Solo encontramos una excepción que corresponde a BIBC en la que porcentaje de aprobados fue prácticamente el mismo en el segundo cuatrimestre, tanto de presencialidad como de virtualidad.

No conocemos las causas de estos resultados, aunque, el equipo docente de la cátedra, durante 2020, advirtió un gran *compromiso por parte de los estudiantes en la asistencia a las clases y a las tutorías por videoconferencia sincrónica.* De hecho, en muchas ocasiones, fue necesario abrir simultáneamente dos salas de videoconferencia (cada una con capacidad para 100 participantes), para que ningún estudiante quedara sin su clase. Téngase en cuenta que el compromiso referido tuvo lugar, a veces, en condiciones de conectividad que no siempre fueron las mejores. Al respecto, los estudiantes expusieron en muchas veces su situación personal. Por ejemplo, varios integrantes del grupo familiar de los estudiantes necesitaban conectarse en un mismo horario, no contaban con una buena señal, o como ocurrió —y ocurre— en muchos casos, los estudiantes solo disponían de su teléfono celular, y no de una computadora que les brinde mayor comodidad. Además, muchos no tenían un manejo adecuado de las TIC.

Estuvimos conscientes de estas limitaciones, del mismo modo que advertimos inmediatamente la necesidad de que la cursada virtual fuera lo más parecida a la presencial. Por tal motivo, además de todas las herramientas informáticas que ya nos auxiliaban, consideramos que la comunicación de la forma más directa, como es la videoconferencia sincrónica, era el abordaje indispensable que debíamos utilizar para lograr el mejor aprendizaje posible en una situación tan incierta[18].

Algunas ventajas observadas para la enseñanza y el aprendizaje debidas ala virtualización

El contexto de virtualización forzosa constituye, en cierto sentido, una buena ocasión de aprendizaje que ofrece varias ventajas:

---

[18] En este tema consideramos también los siguientes aspectos. Nos plateamos la posibilidad de contar con clases a demanda, por ejemplo, grabadas y cargadas en *Youtube*. Este tipo de recurso es también de utilidad para aquellos estudiantes que no pueden acceder a la clase sincrónica o eventualmente presencial. Sin embargo, se debe tener en cuenta que, en cierto sentido, presentan ciertas limitaciones dado que no tienen un factor clave de la clase, que es el diálogo, la interacción, entre el docente y el estudiante. Además, cada vez que se retrocede porque algo no se entendió, el video volverá a decir lo mismo, a diferencia de lo que ocurre en una clase presencial o por videoconferencia sincrónica en la cual, ante la pregunta del estudiante, el docente puede volver a explicar. Estos motivos llevaron a no utilizar por el momento este recurso informático.

1) Desde el punto de vista de los docentes y de los estudiantes:

a) *Ahorro de tiempo:* en muchos casos, se desperdicia una inmensa cantidad de tiempo en viajes que resta al tiempo al estudio. Sumado a que muchos estudiantes trabajan, esto hace que no lleguen a las aulas con la mejor disposición para aprovechar las clases presenciales al máximo. Estos obstáculos los resuelve en parte la virtualidad.

b) *Aprendizaje fuera del aula y del horario de clase:* todas las TIC utilizadas en las clases, tales como presentaciones con diapositivas, imágenes, videos, animaciones y simulaciones, quedan a disposición de los estudiantes en los sitios Web. Los estudiantes tienen la posibilidad de acceder a toda esta información complementaria de la clase y de los textos, pueden exponer dudas fuera del horario de la clase, realizar actividades que se corrigen automáticamente, y reunirse para estudiar con sus pares mediante videoconferencias sincrónicas, aunque se encuentren en lugares alejados.

Desventajas observadas en la virtualización forzada: falta de equidad para la educación

Más allá de las mencionadas ventajas, debemos señalar, también, las problemáticas que hemos detectado en nuestra cursada. En muchos casos, *los estudiantes no han podido acceder a una buena conexión a Internet*, y en muchos otros se agregó que no contaban con el dispositivo adecuado como una computadora de escritorio o una *notebook*. Tomar clases, escribir un informe o resolver cualquier tipo de actividad desde un teléfono celular, no es ciertamente lo más aconsejable. A esto se sumó, *la falta de conocimiento en el manejo de TIC*. Surge, a veces, la falsa idea de que "como todos los estudiantes tienen celular" y "nacieron en el siglo de la informática" o son "nativos digitales" dominan las tecnologías de la comunicación y de la información. Nuestra experiencia nos indicó en muchos casos otra realidad.

En relación con los docentes, en nuestro grupo, todos contábamos con una buena formación en la utilización de recursos informáticos como mencionamos anteriormente. No obstante, también fuimos aprendiendo e incorporando nuevas habilidades, sobre todo en el manejo de la plataforma para las videoconferencias. Así, pues, utilizamos en distintas circunstancias el "ensayo y error", y mantuvimos durante todo el primer año de virtualidad numerosas reuniones para discutir las modalidades en la utilización de estas plataformas, la implementación de clases especiales y de actividades específicas, y la adaptación del cronograma de las asignaturas, de modo que pudiéramos brindar los mismos contenidos que durante la presencialidad.

Otro problema que se presentó, fue la *ausencia de material de estudio digitalizado*; dado que en este contexto de pandemia no se pudo acceder a las bibliotecas públicas o de los centros de estudio[19].

Reflexiones finales: ¿qué nos deja esta experiencia? ¿qué permanecerá del mundo virtual cuando volvamos a la presencialidad?

En el transcurso del presente siglo hemos observado el rápido y significativo desarrollo y la creciente y simultánea democratización de las herramientas informáticas, y de la conectividad que permite la transmisión de una vasta cantidad de información a tiempo real. Todos estos enormes avances tecnológicos han hecho posible llevar adelante diversas actividades en forma remota, entre ellas las relacionadas con la educación. A su vez, el contexto que estamos viviendo ha forzado a que tales recursos tecnológicos se aprovecharan aún más. A partir del 2020, el teletrabajo y las videoconferencias sincrónicas comenzaron a multiplicarse en ámbitos en los antes no tenían nece-

---

[19] En este aspecto, debemos reconocer la generosidad de la Editorial Educando que desinteresadamente permitió la utilización de la edición virtual de todo el material de estudio elaborado por los docentes del Departamento de Ciencias Biológicas para la asignatura BIBC.

sariamente un lugar tan importante. Así ocurrió en la educación, y, también, en actividades más domésticas como reuniones de amigos o familiares, que de otro modo no se podían contactar visualmente.

Los recursos virtuales en educación se utilizan desde hace muchos años; son un ejemplo de ello los campus y las aulas virtuales, con todas las TIC allí contenidas. No obstante, la situación actual forzó a que tales recursos se propagaran rápidamente: de un día para el otro, estudiantes y docentes tuvimos que hacernos expertos, ¡o al menos eso tratamos! De todas formas, sería prematuro aventurar cuánto de la educación virtual se quedará definitivamente. Una buena parte ya estaba ganando terreno año tras año, a medida que las Instituciones y los docentes se decidían y se "animaban" a incursionar en ella. En nuestro caso particular, en apartados anteriores mencionamos todos los recursos informáticos que veníamos utilizando. Para 2020, teníamos planeado incluir las videoconferencias sincrónicas dentro de la oferta de actividades de nuestra cátedra para los espacios de tutoría. Ahora, dado el éxito de convocatoria que tuvieron, esperamos que tales clases, en las que hemos adquirido tanta experticia, se integren definitivamente a nuestra propuesta pedagógica.

Los resultados de nuestra experiencia presentados aquí constituyen una "fotografía" que solo abarca dos años, cada uno con una modalidad; una visión más clara de los resultados en el aprendizaje completamente virtual, se tendrá cuando contemos con los datos del año en curso, y de otras experiencias similares que puedan confrontarse con sus equivalentes presenciales. Cabe destacar que los resultados del ciclo lectivo 2021 serán de gran interés, dado que presentan una importante diferencia con los analizados aquí, correspondientes al ciclo lectivo 2020. Los estudiantes que en 2020 realizaron su cursada virtual, egresaron de una escuela secundaria con formato presencial. En cambio, un porcentaje importante de los estudiantes que están cursando el CBC actualmente en la virtualidad, provienen de un 5to año de escuela media que, durante 2020, se vio obligada a modificar su forma de enseñanza; y no siempre con las mismas posibilidades de llegar con eficacia a todos los estudiantes.

Todos deseamos volver a una vida como la que llevábamos antes de la pandemia. Ese momento llegará. ¿Qué ocurrirá entonces con el mundo virtual que nos hemos visto obligados a construir para cumplir con nuestra tarea en la educación superior? No lo podemos saber con certeza, pero sí esperamos enfáticamente, que las maravillosas oportunidades de aprender que ofrece puedan ser aprovechadas por todos quienes tengan el interés, la necesidad y el entusiasmo de formarse en cualquier campo del conocimiento, y que la falta de posibilidades económicas para su acceso no represente un obstáculo insalvable.

PARTE II

Reflexionando sobre el impacto de la pandemia: virtualización y educación

Educación remota de emergencia, virtualización e institución

Ana Cravino

Introducción. La incertidumbre

La intempestiva aparición del virus covid19 devenido en pandemia mundial provocó distintos tipos y grados de confinamientos como estrategia sanitaria, lo cual determinó el cierre de la educación presencial y la aparición de un modo virtual de enseñar y aprender, que si bien ya existía, no había adquirido la masividad que las circunstancias indujeron en todos los niveles educativos.

Relatemos cómo sucedieron los hechos:

A fines de 2019 empezó a llegar noticias sobre un nuevo virus que se había detectado en China y causaba un tipo peculiar de neumonía; se dijo tiempo después que ese virus pertenecía a la familia de los denominados "coronavirus". Un mes más tarde las imágenes que llegan impactan cuando toda una ciudad entera de ese país, Wuhan, entra en cuarentena estricta. El 22 de enero de 2020 los miembros del Comité de Emergencia de la Organización Mundial de la Salud –OMS– tranquilizaron al mundo afirmando que no se había llegado *"a un consenso al respecto de si este evento constituye o no una ESPII"*[20]

---

[20] https://www.who.int/es/news/item/23-01-2020-statement-on-the-meeting-of-

(emergencia de salud pública de importancia internacional) considerando además que no pareciera haber evidencia, en ese entonces, de que el virus pudiera propagarse fuera de China. Sin embargo, solo una semana más tarde ese organismo cambia la calificación y sostiene que el nuevo coronavirus sí constituye una emergencia global y que se deben tomar medidas urgentes.

Paulatinamente numerosos casos que van apareciendo en distintas partes del planeta dan cuenta de la veloz propagación de la enfermedad, para llegar al 11 de marzo de 2020 cuando la OMS declara que el brote de coronavirus es, sin dudar, una pandemia. En un fenómeno inédito para la civilización moderna el mundo entero se empieza a confinar y se cierran gran parte de las actividades económicas, culturales y educativas. Argentina no sería la excepción.

Argentina. La pandemia y el ámbito universitario: las medidas

Entre varias medidas adoptadas para hacer frente a la pandemia, en el área educativa, encontramos en primer lugar la Resolución 104 del 14 de marzo de 2020, donde el Ministro de Educación de la Nación, Nicolás Trotta, resuelve:

> *Recomendar a las universidades, institutos universitarios y de educación superior de todas las jurisdicciones, que **adecuen las condiciones en que se desarrolla la actividad académica presencial** en el marco de la emergencia conforme con las recomendaciones del Ministerio de Salud.*
> *En todos los casos deberán adoptarse las medidas necesarias procurando garantizar el desarrollo del calendario académico, los contenidos mínimos de las asignaturas y su calidad. Esto podrá contemplar la **implementación transitoria de modalidades de enseñanza a través***

the-international-health-regulations-(2005)-emergency-committee-regarding-the-outbreak-of-novel-coronavirus-(2019-ncov) *de los campus virtuales, medios de comunicación o cualquier otro entorno digital de que dispongan; la reprogramación del calendario académico; la disminución de grupos o clases de modo de ocupar no más del CINCUENTA POR CIENTO (50%) de la capacidad de las aulas; entre otras alternativas que las autoridades competentes dispongan*[21].

Un día más tarde, el 15 de marzo, ese mismo Ministerio por medio de la Resolución 108 establece, en acuerdo con el Consejo Federal de Educación, *"la suspensión del dictado de clases presenciales en los niveles inicial, primario, secundario en todas sus modalidades, e institutos de educación superior, por CATORCE (14) días corridos a partir del 16 de marzo."*[22].

Asimismo, el 19 de marzo por medio del Decreto de Necesidad y Urgencia 297/2020 el Presidente de la Nación, Alberto Fernández, toma una medida más drástica y declara el "Aislamiento social preventivo y obligatorio (luego conocido como ASPO) el cual establece que:

*... las **personas deberán permanecer en sus residencias habituales** o en la residencia en que se encuentren a las 00:00 horas del día 20 de marzo de 2020, momento de inicio de la medida dispuesta. Deberán abstenerse de concurrir a sus lugares de trabajo y no podrán desplazarse por rutas, vías y espacios públicos, todo ello con el fin de prevenir la circulación y el contagio del virus COVID-19 y la consiguiente afectación a la salud pública y los demás derechos subjetivos derivados, tales como la vida y la integridad física de las personas*[23].

Asimismo este DNU decreta que durante la vigencia del Aislamiento Social, Preventivo y Obligatorio que culminaría el 31 de marzo *"no podrán realizarse eventos culturales, recreativos, deportivos,*

---

[21] https://www.argentina.gob.ar/normativa/nacional/resoluci%C3%B3n-104-2020-335488/texto
[22] https://www.boletinoficial.gob.ar/detalleAviso/primera/226752/20200316
[23] https://www.boletinoficial.gob.ar/detalleAviso/primera/227042/20200320

religiosos, ni de ninguna otra índole que impliquen la concurrencia de personas", enumerándose los "servicios declarados esenciales en la emergencia", dentro de los cuales no figura la educación presencial.

En un nuevo decreto presidencial, el DNU 325 del 31 de marzo de 2020, se prorroga el ASPO hasta el 12 de abril inclusive.

Acorde con esta normativa, ese mismo 31 de marzo, el Rector de la Universidad de Buenos Aires, Alberto Barbieri, ad referéndum del Consejo Superior (REREC-2020-420-E-UBA-REC) dispone *"el cierre de todas los edificios e instalaciones de la Universidad de Buenos Aires hasta el 12 de abril de 2020, inclusive, con excepción de la Dirección de Obra Social, Hospitales e Institutos Asistenciales"*[24].

A raíz de todo ello el Secretario de Políticas Universitarias, Jaime Perczyk, por medio de la Resolución 12/2020 del 3 de abril, habida cuenta del inminente inicio del ciclo de clases programado para el año en curso, recomienda:

> *... a las Universidades Nacionales, Universidades Privadas e Institutos Universitarios la readecuación del calendario académico 2020, teniendo en cuenta la especificidad de la enseñanza universitaria, garantizando las cursadas en las modalidades periódicas que normalmente se desarrollan en un año académico, manteniendo la calidad del sistema universitario*[25].

También de manera urgente, ese mismo día, el Rector de la Universidad de Buenos Aires, nuevamente ad referéndum del Consejo Superior (REREC-2020-423-E-UBA-REC) resuelve *"Establecer que el calendario académico del año en curso se reiniciará el 1º de junio de 2020 y finalizará el 12 de marzo de 2021"*, facultando a las Unidades Académicas y al Ciclo Básico Común que conforman esa casa de estudios a readecuar *"sus respectivos calendarios académicos en función de lo dispuesto"* aunque ello *"no afecta el desarrollo de*

---

[24] http://www.uba.ar/archivos_uba/2020-06-10_REREC-2020-420-REC.pdf
[25] https://www.boletinoficial.gob.ar/detalleAviso/primera/227461/20200405

actividades no presenciales de cursos o carreras aprobadas para ser dictadas a distancia". Por otra parte se establece que se podrá:

... organizar, hasta la reiniciación del calendario académico, actividades de apoyo a las y los estudiantes a través de campus virtuales u otras herramientas o plataformas de enseñanza a distancia institucionales, de acuerdo a las características de sus carreras y materias, las que podrán ser reconocidas luego de la reiniciación del calendario académico[26].

Otras universidades nacionales no adoptan la misma decisión que la Universidad de Buenos Aires y deciden comenzar un ciclo lectivo, inédito, de manera remota.

Lo extraordinario de la situación y la urgencia del momento nos permiten observar la frenética toma de decisiones

Para dar cuenta del estado de cosas vigentes en esa época podemos identificar un documento publicado en abril de 2020 por Instituto Internacional de la UNESCO para la Educación Superior en América Latina y el Caribe (IESALC) donde se manifiesta la creencia que a mitad de año la situación tendería a normalizarse, de ahí la propuesta de la Universidad de Buenos Aires de iniciar las clases en junio:

Nadie sabe a ciencia cierta cuánto tiempo puedan durar estos cierres. Las medidas iniciales tomadas por muchos gobiernos han oscilado entre 15 y 30 días, pero es fácil anticipar que esta duración se extenderá hasta que la pandemia remita. No es descabellado imaginar escenarios en los que esta situación se prolongue dos meses o más o, como ya se ha anunciado en España e Italia, se decida no reanudar las clases presenciales en lo que queda de curso académico que allí finaliza normalmente en el mes de junio (IESALC, 2020, p. 11)

---

[26] http://www.uba.ar/archivos_uba/2020-06-10_REREC-2020-423-UBA-REC.pdf.pdf

A partir de las resoluciones rectorales, las distintas Facultades y el Ciclo Básico Común de la Universidad de Buenos Aires –UBA– inician una serie de "actividades de apoyo" y de vinculación entre cátedras y estudiantes, generando controversias e incertidumbre respecto a si las acciones que se estaban desarrollando formarían parte de la cursada oficial o no.

Posteriormente, debido a la prolongación en el tiempo del ASPO por sucesivos DNU y el crecimiento paulatino del número de contagios de covid, quedó claro que la "normalidad" institucional y el funcionamiento presencial de cursos y actividades no se recuperaría en un horizonte cercano. Es por ello que el rector de la Universidad de Buenos Aires dictó una nueva resolución ad referéndum donde se establecía que *"es necesario asegurar el derecho humano a enseñar y aprender garantizado por la Constitución Nacional y los tratados internacionales"* recomendando entonces a las Unidades Académicas y al Ciclo Básico Común *"que dispongan las medidas que estimen pertinentes para adecuar las actividades de enseñanza mientras subsistan las referidas restricciones..."*[27].

La adecuación de la enseñanza al Aislamiento social: Virtualización forzosa. Dificultades y consecuencias

De modo que la "adecuación" al Aislamiento Social, Preventivo y Obligatorio implicó una virtualización forzosa de la enseñanza (Iriarte et al., 2020b) que interpeló abruptamente a la Universidad. Lo que se pensó inicialmente como una solución breve atravesó todo el año 2020 y parece extenderse temerariamente por todo el 2021.

Se ha analizado de qué manera docentes y estudiantes se adaptaron a la nueva modalidad educativa referenciada en el empleo de campus en internet donde se exponen los recursos que estas plataformas brindan: foros, chat, videos, mensajería instantánea, subida

---

[27] http://www.uba.ar/archivos_uba/2020-06-10_REREC-2020-475-UBA-REC.pdf

y bajada de archivos, etc., que es acompañado por clases o encuentros sincrónicos o asincrónicos, todo ello por medio de programas como Blackboard, Moodle, Skype, Zoom, Google Meeting, Google Classroom, Microsoft Team, Jitsi, YouTube y otros más (Andratta; Melia, 2020) (Visacovsky, 2020) (Ruiz Larraguivel, 2020).

Algunos estudios se centraron en las dificultades de la educación básica y las diferencias entre los países de la región (SAECE, 2020) (Cardini et al., 2020).

Un informe del Banco Interamericano de Desarrollo (BID) decía en mayo de 2020 que:

El cierre prolongado de los centros educativos tendrá repercusiones negativas sobre los aprendizajes alcanzados, la escolarización a tiempo, la deserción y la promoción. Esto afectará aún más a aquellos estudiantes pobres y de clase media vulnerable, así como a los estudiantes indígenas, migrantes y con necesidades especiales (Marinelli et al., 2020, p. 3)

Muchos trabajos se centraron entonces en la exacerbación de las diferencias sociales marcadas por la posibilidad de acceso a tecnológicas, conectividad y recursos cognitivos que esta virtualización exige:

… la pandemia producida por el Covid-19 no sólo agudiza la desigualdad en todas sus dimensiones, sino que anuncia un futuro aún mucho más injusto, es imprescindible replantear esa agenda de debates asumiendo que la educación y la producción de conocimientos no sólo serán determinantes para torcer ese designio, sino que ellas mismas son, más que nunca, uno de los territorios relevantes de una disputa en la que se juega el destino común (Socolovsky, 2020, p. 121)

Paula Pogré (2020) da cuenta entonces que:

… perder la presencialidad no significó lo mismo para todos: sin escuela la desigualdad se agrava para las poblaciones más vulnerabilizadas.

La escuela, como dispositivo de la modernidad tantas veces criticada, aún con sus altos niveles de segregación, sigue siendo un espacio de posibilidad, de construcción de saberes, derechos y ciudadanía (p.46).

El contexto social es alarmante en América Latina y en Argentina. En este último país durante la pandemia **la pobreza aumentó 6,5 puntos, afectando al 42% de la población**. Mientras que la indigencia fue de 10,5%. Y tal vez **el dato más preocupante pues afecta al futuro** es que "*más de la mitad (57,7%) de las personas de 0 a 14 años son pobres*"[28].

Referido al plano educativo Alejandra Cardini y Vanesa D'Alessandre (2020) señalan que "la mensajería instantánea WhatsApp es, de acuerdo con los adolescentes, el medio más empleado para el contacto con sus docentes" (p. 117) lo cual pone en evidencia la pérdida de la calidad educativa en el ciclo medio de educación.

Asimismo UNICEF afirma:

La Escuela, por definición, es un ámbito donde esas disparidades sociales se pueden compensar. En este contexto la educación no puede verse relegada ni los derechos de los niños y las niñas anulados. La escuela educa, crea lazos sociales, alimenta, da refugio, democratiza conocimientos, orienta y contiene.

La Escuela habilita un espacio y constituye un tiempo que crea libertad e igualdad. Su interrupción tiene consecuencias graves a corto y largo plazo para las economías y sociedades. **Cuanto más tiempo las infancias y adolescencias, especialmente aquellas en condiciones de vulnerabilidad, dejen de asistir a las escuelas, menos probable es que regresen**[29].

---

[28] https://www.indec.gob.ar/uploads/informesdeprensa/eph_pobreza_02_2082FA 92E916.pdf. Incidencia de la pobreza y la indigencia en 31 aglomerados urbanos Segundo semestre de 2020

[29] https://www.unicef.org/argentina/comunicados-prensa/La-escuela-es-lo-ultimo-en-cerrar-SAP-UNICEF

Extrapolando en la Educación Superior queda preguntarse cuántos estudiantes han quedado fuera del sistema y cuántos volverán… Y en otro documento Unicef sostiene:

… una revisión de la evidencia actual muestra que la educación presencial no parece ser el principal promotor de los incrementos de la infección, los estudiantes no parecen estar expuestos a mayores riesgos de infección en comparación con el hecho de no asistir a la escuela cuando se aplican medidas de mitigación, y el personal escolar tampoco parece estar expuesto a mayores riesgos relativos en comparación con la población general[30].

Sin embargo es claro que las condiciones no son las mismas en la masiva universidad pública argentina, donde además muchos de los docentes podrían estar encuadrados dentro de los grupos de riesgo, y tanto estos últimos como personal no docente y estudiantes viajan en transporte público, que sí está identificado como uno de los lugares de contagio.

Precisando conceptos: Educación a distancia. Educación en línea. Educación virtual. Educación remota de emergencia

Habida cuenta de la imposibilidad de recuperar lo que oportunamente era obvio y natural, es decir, la presencialidad en las aulas, diversas consideraciones atraviesan la situación conocida como "virtualización de la enseñanza". Sin embargo, tomando las precisiones conceptuales estipuladas por el Instituto Tecnológico de Monterrey[31] podemos encontrar que es necesario distinguir entre:

---

[30] https://www.unicef.org/argentina/articulos/posici%C3%B3n-frente-al-regreso-de-clases-presenciales-en-2021?gclid=Cj0KCQjwp86EBhD7ARIsAFkgakgvKeaCBihdgxIDVzzBjpYglCUt2p9m4oukNHOMmTmofmNgn7g4PhgaApgUEALw_wcB

[31] https://observatorio.tec.mx/edu-news/diferencias-educacion-online-virtual-a-distancia-remota

- **Educación a distancia:** La definición comúnmente aceptada dice que es "*una modalidad que permite superar las limitaciones de tiempo y espacio, dedicada, especialmente, a aquellas poblaciones que, por razones familiares o laborales o por estar aislados geográficamente, no podían acercarse a las escuelas o instituciones educativas en general*"[32]. Es la más vieja de las modalidades mediadas por la tecnología y puede tener un porcentaje de presencialidad o ser exclusivamente a distancia. Originariamente se daba por correspondencia y posteriormente se empezó a dictar por televisión (Iriarte et al, 2020a) como el viejo programa de Telescuela técnica allá por los años 60 del siglo pasado. En la actualidad posee una diversidad de recursos como cuadernillos, programas por televisión abierta o paga, memorias USB, CD, no requiriéndose necesariamente una conexión a Internet o banda ancha. Una de las características de esta modalidad, que permite mayor flexibilidad y organización de tiempos y espacios por parte del estudiante, es su carácter democratizador, cuestión que no sucede en la denominada "Educación Remota de Emergencia" que luego pasaremos a caracterizar.

- **Educación en línea:** Es aquella "*en donde los docentes y estudiantes participan e interactúan en un entorno digital*", utilizando recursos tecnológicos proporcionados por la informática y el uso de computadoras *de manera sincrónica* por medio de internet. El rol del docente es el de tutor y su tarea es de acompañamiento y asistencia. Para esta tarea se usan herramientas como Blackboard, Schoology, Ed modo, Google Hangouts, Zoom, Google Meet, Jitsi, etc. En el sistema tradicional de enseñanza presencial la educación en línea tenía como base el enriquecimiento de la experiencia de aprendizaje provocando la inmersión de estudiantes en un entorno digital interactivo. Un

---

[32] https://www.cin.edu.ar/las-universidades-y-el-compromiso-de-seguir-ensenando/

uso frecuente se relaciona con cursos de idiomas con profesores extranjeros radicados en el país de origen interactuando con alumnos locales.

- **Educación virtual:** Esta modalidad, como la anterior, utiliza los mismos recursos informáticos y la conexión a internet, sin embargo, se diferencia porque *funciona de manera asincrónica* puesto que los docentes y alumnos no coinciden en los mismos horarios. No obstante *"Los materiales del curso o documentos se subirán a la plataforma elegida para que los alumnos puedan revisarlos, y normalmente se discuten dudas en foros públicos para todo el grupo"*. Para el funcionamiento se usan plataformas diversas, correos electrónicos, videos en you tube, e incluso grupos de whatsapp o facebook. La ventaja es de esta modalidad es que el ritmo de aprendizaje puede resultar más flexible.

- **Educación Remota de Emergencia,** es lo que actualmente llamamos "educación virtual" y consiste en la dispar y rápida *adaptación de los sistemas educativos para seguir dictando clase en situaciones de confinamientos o restricciones de circulación causados por la pandemia de covid19* que hicieron prácticamente imposible el modo presencial o "normal".

Este *fenómeno de excepción* difiere de la educación virtual o a distancia, puesto que, como afirma Pogré (2020):

La virtualización de los procesos de enseñanza requiere de ciertas condiciones de conectividad, programación de los cursos, diseño de las plataformas, organización de los tiempos, que no se hace sobre la marcha sino que se configura previamente y muchas veces requiere del trabajo mancomunado de especialistas en diferentes campos del conocimiento, diagramadores, diseñadores gráficos, procesadores didácticos, prueba de las plataformas, etc. (p. 47).

Antes de la pandemia y a nivel internacional ya existían instituciones dedicadas exclusivamente a dictar carreras a distancia, las que contaban con una gran expertise y los recursos necesarios tanto materiales como humanos: la Open University de Gran Bretaña; la Universidad Nacional de Educación a Distancia (UNED); la Universidad Abierta de Cataluña-Universita Oberta de Catalunya-(UOC); la Universidad a Distancia de Madrid[33] (UDIMA), estas tres últimas de España. Y, en el ámbito local, encontramos entre otras, la Universidad Siglo XXI de gestión privada y la Universidad Virtual de Quilmes de gestión pública (Cravino, 2020). Todas estas universidades otorgaban títulos reconocidos por los organismos competentes, tenían plataformas preparadas, contaban con material didáctico elaborado ad hoc para la virtualidad y equipos de docentes y personal técnico de apoyo bien entrenados.

Pandemia y la "Educación Remota de Emergencia".
No fue esto lo que sucedió con la pandemia. Ante lo inaudito de la situación, la "Educación Remota de Emergencia" se implementó de manera urgente en los distintos estamentos de la Educación Superior: Desde lo institucional se conformaron campus o se mejoraron los que ya existían y se adecuaron las normativas vigentes; se organizaron los departamentos y cátedras para sostener la cursada; y los docentes se incorporaron a un mundo tecnológico de plataformas y videollamadas que muchos desconocían o al que apenas se habían asomado. En esas circunstancias existe aún el riesgo de intentar trasladar las estrategias pedagógicas empleadas de manera tradicional al nuevo mundo no presencial. En este sentido Ana Marotias (2020) describe:

> ... *el espacio áulico presencial es imposible de imitar. En muchas de las experiencias llevadas a cabo en la educación remota de emergencia, la videoconferencia, liderada por Zoom, intentó emular el aula.*

---

[33] https://www.udima.es/

El resultado: casi todas las cámaras apagadas, interrupciones, ruidos, invitados sorpresa. Conocimos hijes, mascotas, parientes (p.2).

Los encuentros sincrónicos por videoconferencia fueron programados por los docentes en el tiempo destinado a las clases presenciales, pero no existió garantía alguna que en ese momento el estudiante (o el docente) tuviera disponible un espacio de tranquilidad y privacidad, un dispositivo informático adecuado por el cual conectarse (con cámara y micrófono) y una buena conexión a internet.

Asimismo, dado que el estudiante muchas veces se encuentra con la cámara y el micrófono apagado, no hay constancia que se encuentre efectivamente frente a la pantalla participando de la clase, pudiendo como señala García-García (2020) *"estar mirando el móvil, viendo la repetición del partido de su deporte favorito en televisión por cable; a la vez que desayuna"* (p. 307).

Mucho del material didáctico elaborado para la presencialidad tuvo que ser "adaptado" en tiempo record para que los estudiantes pudieran acceder a él habida cuenta que bibliotecas y centros de copiado se encontraban cerrados (digitalización, pasaje a pdf, reelaboración de textos, armado de presentaciones, filmación de videos). Dicho material no contó con el diseño pautado por asesores pedagógicos que intervienen en los diferentes recursos típicos de la educación a distancia. Diversos estudios destacan la mayor carga de tiempo que les implicó a los docentes llevar a cabo esta adaptación (Iriarte et al, 2020b) (Álvarez et al., 2020) (Pogré, 2020), que muchas veces se realizó en solitario y por fuera de los horarios reservados para la enseñanza. En la educación primaria gran parte de ese trabajo fue realizado por los ministerios o secretarias de Educación de diversas jurisdicciones que elaboraron material dirigido a estudiantes y a maestros[34], pero en las universidades esta tarea fue realizada por los equipos de cátedras.

---

[34] http://abc.gob.ar/secretarias/sites/default/files/documents/seguimos_educando._cuaderno_3.pdf

Cabe además señalar que, si bien, muchas instituciones brindaron tutoriales o cursos en línea para hacer esta adecuación, los mismos estuvieron centrados en capacitar a los docentes en el uso de campus o en el manejo de videoconferencias. No existió tiempo para reformular una nueva didáctica puesto que la emergencia de la situación atravesó a todo el cuerpo docente de la Educación Superior. La misma incertidumbre cruzó a los órganos colegiados de las diversas unidades académicas, a los departamentos, oficinas e institutos que tardaron en ponerse a funcionar en esa nueva situación. Las sucesivas resoluciones ad referéndum que rectores y decanos dictaron son un ejemplo claro de ello, como así los idas y vueltas.

La emergencia constituyó un desafío para la tradicional inercia universitaria, para seguir enseñando (y aprendiendo) así como nos habían enseñado (y aprendido). Internet ya estaba hace más de 20 años. Las instituciones contaban con páginas web y muchas tenían campus armados y plataformas para clases *on line*, pero en realidad nadie estaba preparado para transformar de esta manera la enseñanza. Como sostienen Hugo Pardo Kuklinski y Cristóbal Cobo (2020):

> *No se trata de improvisar una didáctica basada en largas sesiones teóricas en videoconferencia, acompañada luego del envío de una tarea por correo electrónico y por último ofrecer un breve espacio de tutoría vía Skype o WhatsApp. Por ejemplo, tras analizar cerca de 6.9 millones de estudiantes que consumen videos educativos, queda claro que un video largo es sinónimo de atención corta (p. 11).*

Después de ocho meses sin clases presenciales en la Universidad de Buenos Aires, las actividades prácticas en talleres, laboratorios y hospitales habían quedado suspendidas, como en muchas otras casas de estudio de todo el planeta.

Es por ello que el Rector de la Universidad ad referéndum del Consejo Superior decide el 1 de diciembre de 2020 (REREC 2020-1254-E-UBA-REC) aprobar el *"Protocolo de seguridad e higiene emergencia sanitaria para el retorno de las actividades académicas prácticas de la Universidad de Buenos Aires pandemia COVID 19"*[35]. La vuelta parcial a la presencialidad se limitaría solo a actividades de técnicos, docentes y estudiantes del último año de las respectivas carreras. Y en todos los casos, las actividades *"deberán ser proyectadas de acuerdo a las características de cada facultad y colegio pre universitario, de manera que se dé cumplimiento a las recomendaciones sanitarias emitidas por las autoridades jurisdiccionales locales".*

Las prácticas mencionadas corresponderían a asignaturas de las facultades de Farmacia y Bioquímica, Agronomía, Ciencias Veterinarias, Odontología y Ciencias Exactas. En el caso específico de Medicina las prácticas necesarias para que los estudiantes se gradúen estarían sujetas a la disponibilidad de los hospitales, puesto que estos centros de salud se encontraban afectados por las actividades y la demanda que requiere la atención a pacientes con coronavirus.

No obstante esta pequeña apertura hacia lo presencial, en la escala de la Universidad de Buenos Aires[36], es un número realmente ínfimo, de modo que las clases siguieron siendo planificadas bajo la categoría de "Educación Remota de Emergencia".

Por un breve lapso, se pensó que, tal vez, quizás, podría existir la posibilidad de volver a dictar clases de manera "normal" durante el nuevo ciclo lectivo. Es por ello que en la sesión del Consejo Federal de Educación que se realizó en la Quinta de Olivos con la presencia del Presidente de la Nación, Alberto Fernández, el 12 de febrero de 2021, el ministro Nicolás Trotta afirmó:

El objetivo que tenemos por delante es la presencialidad cuidada en las escuelas. No podemos tomar a la Argentina como un todo por su diversidad territorial, en términos de infraestructura y por las variables epidemiológicas. Sin embargo, consideramos que están dadas las

---

[35] http://www.uba.ar/noticiasuba/acto2020.pdf
[36] En el Censo estudiantil de 2011 se registraron 262 932 estudiantes de grado y 67 445 del CBC. Lo haría de esta universidad en términos poblacionales una ciudad mediana (entre 50.000 y 1.000.000 de habitantes)

condiciones con las particularidades de cada una de las regiones de nuestro país para tener una presencialidad en las escuelas[37].

La suba del número de los casos y muertes por Covid en abril de 2021 hicieron rever el compromiso asumido. El gobierno nacional alegó que aunque las escuelas no demostraron ser un foco de contagio, sí contribuyen a aumentar la circulación de las personas.

La no presencialidad en las instituciones de Educación Superior nunca estuvo en discusión.

Universidad, experiencia Institucional y educación remota de emergencia

Tanto docentes como alumnos han dado cuenta de las dificultades que la educación remota de emergencia ha implicado en la vida cotidiana de unos y otros, sin embargo queremos reflexionar sobre algo que aún no ha sido tomado en toda su dimensión: El carácter institucional y comunal de la Universidad, fundamentalmente de la Universidad pública latinoamericana y los riesgos que este estado de cosas puede traer.

Hace un tiempo un economista describió en qué consiste tomar un café en una confitería y lo diferente que es tomar ese mismo café en la casa. Por ejemplo, en la vida pre-pandémica un empleado de oficina de la zona del centro de la ciudad de Buenos Aires antes de entrar a trabajar iba a la zona de Puerto Madero y tomaba un "rico cafecito" servido por un solícito mozo sentado en una coqueta cafetería mientras degustaba una medialuna recién salida del horno mirando el río. No es lo mismo un café enviado a su casa por delivery en un vaso térmico. La explicación que dio el economista es que el oficinista vive una experiencia por la que paga, no solo toma un café.

---

[37] https://www.argentina.gob.ar/noticias/el-consejo-federal-de-educacion-establecio-como-sera-el-regreso-las-clases-presenciales-en

Un fenómeno similar ocurre en la Universidad: *asistir a clases presenciales es una experiencia institucional. Esa experiencia está mediada, en principio, por los espacios físicos: aulas, talleres, laboratorios.* Pero no sólo consiste en eso la Universidad. Todo aquel que haya tenido vida universitaria recuerda la primera vez que visitó esa casa de estudio y la conmoción que tuvo en su ánimo apreciar el carácter monumental de esos edificios y a la vez observar el bullicio y la vida universitaria.

De tal modo, reiteramos la formación universitaria propone una *experiencia institucional* y *no un simple "delivery educativo"* que lleva a domicilio la enseñanza superior.

Jorge Francisco Liernur (2001) titula el primer capítulo de su descomunal libro *Arquitectura en la Argentina del siglo XX* "Construir el país, imaginar la Nación", pues considera que las ciudades argentinas a fines del siglo XIX eran inmensos obradores pues había que proveer de edificios a las instituciones que se estaban armando, tanto públicas como privadas: Palacio de Congreso, de Tribunales, de Correo, Aduana, Municipalidades, Bolsa de Comercio, Hospitales y Escuelas. La mención al acto de "construir" era una metáfora doble había que construir instituciones y también edificios que los albergaran.

Claudia Shmidt (2012a) sostiene que:

La Argentina tuvo escuelas públicas antes que Casa de Gobierno, Congreso y Palacio de Tribunales. La primera gran arquitectura de Estado fueron las escuelas primarias, llamadas "escuelas-palacio". Se hicieron 64 en cuatro años y Roca inauguró 40 en un solo día. El gran ejemplo es la escuela Petronila Rodríguez, el actual Palacio Pizzurno[38].

La significación que un edificio confiere a una institución (y también a una empresa) es prácticamente una obviedad. Entonces no es

---

[38] Ver también Shmidt (2012b)
[39] https://gestion.pe/peru/universidad-privada-telesup-construyo-pared-simulaba-falso-edificio-siete-pisos-269294-noticia/?ref=gesr

casual el caso que una universidad peruana simulara mediante una falsa fachada tener un prestigioso edificio de siete pisos[39].

La *Universidad no es sólo aulas, talleres y laboratorios, es también pasillos, bares y bibliotecas, oficinas y departamentos de investigación, auditorios y salas de exposición, fotocopiadoras y librerías*, en todos estos espacios transcurre la vida universitaria. Y solo las aulas pueden, parcialmente, virtualizarse.

Cuando se decretó el cierre de los edificios un clima de cierto desamparo cubrió el rutinario funcionamiento institucional: La oficina que encontraba al lado, el despacho que estaba arriba, el compañero de trabajo que se sentaba enfrente, todo eso desapareció y se tuvo que volver a inventar.

Asimismo, la no presencialidad consolida el modelo de universidad napoleónica, centrada en la docencia y exclusivamente formadora de profesionales, alejada de la investigación y la extensión.

Hugo Pardo Kuklinski y Cristóbal Cobo (2020) describen la situación en España al comienzo de los confinamientos, donde confluye espacio público y privado:

> *Quienes hemos dirigido cursos en línea en estos difíciles días de confinamiento entre marzo y mayo de 2020, supimos de la excepcionalidad de la convivencia compartida con parejas e hijos, el uso de espacios hogareños pequeños con escasa intimidad, la fina línea entre las rutinas familiares y la agenda académica, y la imposibilidad de desconectar del espacio físico del hogar antes o después de cada jornada. Esta idea del colapso del contexto ocurre cuando las personas, la información y las normas de diferentes entornos se encuentran y superponen. El aumento de la intensidad digital (alta exposición, uso de las redes sociales, limitada regulación del tiempo offline) ha hecho que los límites de contextos y ámbitos (personal versus laboral, público versus privado) sigan desdibujándose. Los contextos se colapsan y como consecuencia, múltiples audiencias convergen en una sola. Los usuarios deben administrar los límites personales y sus identidades en línea generando nuevos protocolos y normas tácitas.*

Inés Dussel (2020) introduce el neologismo inquietante de *"domestización" de las actividades escolares* en la pandemia que no significa lo mismo que "domesticación" o amansar. Y se pregunta entonces "¿Qué sucede con el derrumbe de la diferenciación de espacios, roles, identidades, reglas?", señalando entonces que:

> *La enseñanza y el aprendizaje tuvieron que separarse de la co-presencia de los cuerpos y de la ocupación de un lugar físico compartido. De repente, millones de docentes y estudiantes se vieron compelidos a trabajar desde el ámbito doméstico, con una mezcla hasta ahora no vista de lugares y actividades. Hubo docentes que dieron clases desde el lavadero, porque era el único lugar con cierta privacidad y silencio; alumnos que escucharon las clases en pijama y desde sus camas, cuando no dormidos; muchos que no pudieron conectarse pero intentaron armar un espacio propio de trabajo escolar en la cocina o en un cuarto compartido; muchos que no quisieron mostrar cómo viven, por timidez, vergüenza o resistencia (p.338).*

Dussel reconoce que el aula es tanto un espacio material como una estructura comunicativa que se ve interpelada en el mundo virtual por las diferencias de dispositivos, conectividad y lugares de estudio, lo cual ha puesto en evidencia *que el espacio físico de las aulas establecía condiciones más igualitarias para la escolaridad.*

La pandemia nos ha regresado, de algún modo, a una nueva Edad Media. Se trabaja, se habita y se educa dentro de los límites de la vivienda. *El espacio público se ha tornado peligroso.* Vale en este sentido recordar las calles vacías de fines de marzo de 2020 y el temor que todos sentimos en nuestras primeras incursiones a la calle después del dictado del ASPO. El ambiente doméstico se ha manifestado como un refugio, aparentemente, seguro frente a la amenaza del covid19. Es por ello que hemos retrocedido y entregado nuestros deseos de dominar el espacio público. Es así entonces como lo público y lo privado quedan confinados a una pantalla de computadora.

Para definir el sentido del espacio doméstico victoriano Michelle Perrot (1988) citaba a Littré quien en su famoso diccionario de 1863 decía *"La vida privada debe quedar encerrada entre muros. No está permitido indagar ni dar a conocer lo que ocurre en la casa de un particular"* (p.12). Hemos cerrado nuestras puertas al virus pero dejamos abiertas de par en par las ventanas virtuales de nuestra intimidad en una situación paradojal.

En otro escrito hemos hablado oportunamente de la "Uberización de la educación superior" reconociendo que el fenómeno Uber o Airbnb es aquel *"donde las transacciones se realizan entre quienes ofertan (vehículos, alquileres inmuebles) y quienes lo demandan, sin necesidad de mediadores, y, aparentemente, sin regulaciones"* (Cravino, 2020, p. 123). En este mismo sentido Reviglio y Blanc (2020) señalan que en las plataformas los estudiantes se transforman en usuarios de un servicio y la Universidad como institución desaparece. Docentes y alumnos hablan así de computadoras, celulares, bandas de internet y programas de videoconferencias o videollamadas, de whatsapp y mails pero se invisibiliza lo institucional. **La Universidad a lo sumo pareciera quedar reducida a ser la proveedora de un servicio de delivery educativo.**

La segunda cuestión que debemos señalar es el **carácter comunal de la educación superior**. La Universidad es sobre todo una **comunidad académica**. La Universidad es la vida que sucede dentro de esos claustros y no se limita solo al dictado y asistencia a clases. Implica encuentros espontáneos, cruces entre alumnos y profesores de otras materias, otros años, otras carreras. Significa un número incontable de actividades: conferencias, congresos, coloquios de discusión, experiencias de investigación, exposiciones, asambleas estudiantiles y docentes, actividades sociales, consulta de libros y revistas que se venden o se exhiben. Toda esta vida que hasta hace muy poco nos parecía "normal" y que se inscribía dentro de un espacio público, pero también dentro de un espacio de pertenencia y adopción se ha perdido. La espontaneidad de una charla o la participación anónima a una clase o conferencia queda prácticamente eliminada: hay que pedir permiso y ser admitido.

La Educación Remota de Emergencia ha enfatizado el trabajo individual de estudiantes y profesores. Los docentes hablan a un grupo de alumnos con cámaras apagadas y micrófonos "muteados". ¿Están allí realmente? Los que participan los hacen por chat en las videoconferencias y sus voces no se oyen. Las mensajerías (y no los foros que son públicos) se saturan de la misma pregunta, hecha en privado, de mil maneras distintas por estos estudiantes sin rostro. El espacio colectivo del trabajo comunal se ve dificultado aunque crecen los grupos de whatsapp entre alumnos.

El carácter comunitario de la universidad quedaba registrado en un gradiente de intensidad desde el aula, taller o laboratorio hasta el estacionamiento o parada de colectivo. La vida, aquella vida que gozamos antes de la pandemia, se extendía más allá de los ámbitos consagrados a la enseñanza y no se interrumpía por un click. Todo un barrio o zona de la ciudad quedaba "contaminada" del bullicio universitario de aquellos que compartían un sentido en común.

Quien escribe esto, reconoce, que como todos dicen, la virtualidad llegó para quedarse, y que mucho de las experiencias adquiridas formaran parte, aun cuando la amenaza del covid19 desaparezca, de nuestra vida académica; sin embargo no puede dejar de expresar cierta nostalgia por aquello que una vez tuvimos.

Bibliografía

ÁLVAREZ, Marisa; FERNÁNDEZ LAMARRA, Norberto; GARCÍA Pablo D.; GRANDOLI; María Eugenia; PÉREZ CENTENO, Cristian (2020) La docencia en el nivel de posgrado en el contexto de virtualización de emergencia. Aprendizajes y desafíos para el futuro en la experiencia de la Universidad Nacional de Tres de Febrero En Revista Innovaciones Educativas N° 22, Costa Rica. En: https://revistas.uned.ac.cr/index.php/innovaciones/article/view/3153/3978

ANDREATTA, Annabella; MELIA, Melisa (2020) Conectividad en Argentina: Educación y Pandemia En Nerina Visacovsky (comp.) *Educación y pandemia. Aportes para pensar una nueva realidad*, UNSAM. En: http://noticias.unsam.edu.ar/wp-content/uploads/2020/12/Educacion-y-pandemia.pdf

CARDINI, Alejandra; D'ALESSANDRE, Vanesa (2020) La escuela en pandemia. Notas sobre los desafíos de la política educativa, en Inés Dussel, Patricia Ferrante y Darío Pulfer (compiladores) *Pensar la educación en tiempos de pandemia*, UNIPE, Buenos Aires. http://biblioteca.clacso.edu.ar/Argentina/unipe/20200820015548/Pensar-la-educacion.pdf

CARDINI, Alejandra; BERGAMASCHI, Andrea; D'ALESSANDRE, Vanesa; TORRE, Esteban; OLLIVIER, Agustina (2020) *Educar en pandemia: Entre el aislamiento y la distancia social*, Centro de Implementación de Políticas Públicas para la Equidad y el Crecimiento, Buenos Aires. En: https://www.cippec.org/wp-content/uploads/2020/07/Cardini-et-al.-2020-Educar-en-tiempos-de-pandemia.-Entre-el-aislamient....pdf

CRAVINO, Ana (2020) Uberización de la educación superior. Peligros y amenazas. En Alicia Iriarte (comp.); Andrés Mombrú (ed.) *Los Sistemas de Educación Superior y la transnacionalización en Latinoamérica. Tendencias, modalidades y estrategias en la actualidad*, L.J.C. Ediciones, Buenos Aires.

DUSSEL, Inés (2020) La clase en pantuflas, en Inés Dussel, Patricia Ferrante y Darío Pulfer (compiladores) *Pensar la educación en tiempos de pandemia*, UNIPE, Buenos Aires. http://biblioteca.clacso.edu.ar/Argentina/unipe/20200820015548/Pensar-la-educacion.pdf

DIDRIKSSON T., A. (2020). Ante la pandemia, evitar reproducir la desigualdad social y educativa. En H. Casanova Cardiel (coord.), *Educación y pandemia: una visión académica* (pp. 154-163). Ciudad de México: Universidad Nacional Autónoma de México, Instituto de Investigaciones sobre la Universidad y la Educación. En: http://132.248.192.241:8080/jspui/bitstream/IISUE_UNAM/551/1/DidrikssonA_2020_Ante_la_pandemia.pdf

GARCÍA-GARCÍA, María Daniela (2020) La docencia desde el hogar. Una alternativa necesaria en tiempos del Covid, en *Polo del Conocimiento* Vol 5 N° 4, abril 2020, pp. 304-324. En: https://polodelconocimiento.com/ojs/index.php/es
IESALC. (2020) *COVID-19 y educación superior: De los efectos inmediatos al día después. Análisis de impactos, respuestas políticas y recomendaciones.* Caracas: UNESCO. En: http://www.iesalc.unesco.org/wp-content/uploads/2020/04/COVID-19-060420-ES-2.pdf
IRIARTE, Alicia; CRAVINO, Ana; RANGO, Marina; Roldán, Juan; Mombrú, Andrés (2020b) El proceso de virtualización forzoso del sistema universitario. Luces y sombras detrás de la pandemia En *Perspectivas Metodológicas* Vol. 20, UNLa, Lanús. En: http://revistas.unla.edu.ar/epistemologia/article/view/3290
IRIARTE, Alicia; CRAVINO, Ana; RANGO, Marina (2020ª)Internacionalización de la Educación Superior. La educación transnacional a distancia. Calidad, ventajas y riesgos En Alicia Iriarte (comp.); Andrés Mombrú (ed.) *Los Sistemas de Educación Superior y la transnacionalización en Latinoamérica. Tendencias, modalidades y estrategias en la actualidad*, .J.C. Ediciones, Buenos Aires.
LIERNUR, Jorge Francisco (2001) *Arquitectura en la Argentina del siglo XX*, FNA, Buenos Aires.
MARINELLI et al (2020) *La educación en tiempos del coronavirus: los sistemas educativos de América Latina y el Caribe apuesta inicial COVID 19*, BID En: https://publications.iadb.org/publications/spanish/document/La-educacion-en-tiempos-del-coronavirus-Los-sistemas-educativos-de-America-Latina-y-el-Caribe-ante-COVID-19.pdf
MAROTIAS, A. (2020 La educación remota de emergencia y los peligros de imitar lo presencial Revista *Hipertextos*, 8 (14), pp. 173-177. DOI: https://doi.org/10.24215/23143924e025
PARDO KUKLINSKI, Hugo; COBO, Cristóbal (2020) *Expandir la universidad más allá de la enseñanza remota de emergencia Ideas hacia un modelo híbrido post-pandemia*, OutliersSchool, Barce-

lona. En: https://outliersschool.net/wp-content/uploads/2020/05/Expandir_la_universidad.pdf

PERROT, Michelle (1988) Modos de habitar. La evolución de lo cotidiano en la vivienda moderna En Revista A&V N° 14, *El espacio privado*, pp.12-17.

POGRÉ, Paula A. (2020) ¿Y ahora qué? Políticas y formación docente en América Latina. En Inés Dussel, Patricia Ferrante y Darío Pulfer (compiladores) *Pensar la educación en tiempos de pandemia I*, UNIPE, Buenos Aires. En: http://biblioteca.clacso.edu.ar/Argentina/unipe/20200820015548/Pensar-la-educacion.pdf

REVIGLIO, María Cecilia; BLANC, María Claudina (2020) La formación universitaria en tiempos de pandemia. Notas sobre encuentros sin cuerpos en el aula, en *Abordajes disciplinares sobre el Covid-19*, Universidad Nacional de Rosario, Consejo de Investigaciones, Rosario. En: https://rephip.unr.edu.ar/bitstream/handle/2133/18773/ABORDAJES%20DISCIPLINARES%20SOBRE%20EL%20COVID-19%20-%20CIUNR.pdf

RUIZ LARRAGUIVEL, Estela (2020) La práctica docente universitaria en ambientes de educación a distancia. Tensiones y experiencias de cambio, en H. Casanova Cardiel (Coord.), *Educación y pandemia: una visión académica* (pp. 154-163). Ciudad de México: Universidad Nacional Autónoma de México, Instituto de Investigaciones sobre la Universidad y la Educación. En: http://132.248.192.241:8080/xmlui/bitstream/handle/IISUE_UNAM/545/RuizLarraguivelE_2020_La_practica_docente.pdf?sequence=1&isAllowed=y

SAECE (2020) *Revista Latinoamericana de Educación Comparada* N° 18, noviembre 2020, UNTREF. En: https://www.saece.com.ar/relec/numero18.php

SHMIDT, Claudia (2012a) "La Argentina construyó escuelas públicas antes que Casa de Gobierno" En Clarín, 22 de julio de 2012. En: https://www.clarin.com/home/argentina-construyo-escuelas-casa-gobierno_0_SydHFjWhDXl.html

SHMIDT, Claudia (2012b) *Palacios sin reyes. Arquitectura pública para la 'capital permanente', 1880-1890*, Ediciones Prohistoria, Rosario. Ver también: http://www.iaa.fadu.uba.ar/publicaciones/critica/0143.pdf

SOCOLOVSKY Yamile (2020) La necesaria radicalización democrática de la agenda universitaria, en *Pensamiento Universitario* N° 19. En http://www.pensamientouniversitario.com.ar/wp-content/uploads/PENSAMIENTO-UNIVERSITARIO-19.pdf

VISACOVSKY, Nerina (2020)Afrontando con humanidad el tiempo que nos toca. En Nerina Visacovsky (comp.) *Educación y pandemia. Aportes para pensar una nueva realidad*,UNSAM. En: http://noticias.unsam.edu.ar/wp-content/uploads/2020/12/Educacion-y-pandemia.pdf

Cuestiones de la educación a distancia en tiempos de la internacionalización de la Educación Superior. Reflexiones y dilemas en la región, en pleno contexto de expansión global del conocimiento

Juan Eduardo Roldán

Introducción

Los acontecimientos recientes derivados de la pandemia del Covid 19 han reconfigurado los mecanismos tradicionales de transmisión del conocimiento en los distintos niveles del sistema educativo.

La educación superior tuvo que readecuarse para seguir conservando el nivel y la excelencia en los distintos saberes del conocimiento científico. Docentes y alumnos encontraron en la tecnología un aliado para permitir la transferencia de los saberes, incorporando habilidades y combinaciones de técnicas de innovación moderna a través de diferentes plataformas virtuales, permitiendo que la educación superior se integre y se expanda siguiendo los lineamientos globales para la producción del saber en sus distintas dimensiones.

Es bien conocido, que desde hace varias décadas ha comenzado fuertemente la expansión de la modalidad de educación a distancia en sus distintas variantes de grado y posgrado, en consonancia con la expansión a gran escala de la internacionalización de la Educación Superior.

En América Latina este proceso ha tomado mayor impulso en la década del noventa, pero a raíz de la pandemia del último año este mecanismo se aceleró y vino para quedarse.

En este artículo se intentará abordar el tema de la educación a distancia en tiempos de la internacionalización, como así también sus desafíos y limites en el contexto de producción global del conocimiento. Analizando los vínculos entre estudiantes locales y extranjeros con los docentes en un proceso de transferencia de enseñanza-aprendizaje en tiempos de la innovación tecnológica y la aplicación de las mismas en la enseñanza, analizando en esta línea las ventajas y desventajas de la nueva modalidad de educación virtual a distancia.

Educación a distancia e Internacionalización en la región

La modalidad de educación a distancia ha impactado en la internacionalización de la educación en la región habiéndose registrado recientemente un incremento en la incorporación de las nuevas herramientas tecnológicas en el proceso enseñanza- aprendizaje, modalidad que muchos la denominan *"internacionalización en casa"* (Mayoral y Álvarez 2014).

Este mecanismo de transferencia de saberes consiste en aulas internacionales, café de idiomas y cursos de idiomas tendientes a fortalecer vínculos entre estudiantes extranjeros y locales, con gran repercusión en la unidad académica. Se generaron talleres, cursos, paneles de discusión, conferencias entre otras actividades.

Un ejemplo en este sentido es la Universidad de Cuyo que ha iniciado desde el año 2013 el dictado de asignatura de grado y posgrado focalizadas en temáticas locales. También ha desarrollado una convocatoria para becas a docentes que presenten una propuesta de movilidad virtual. Es así como la Universidad de Cuyo es una de las pioneras en participar en espacios de educación virtual en universidades del exterior.

Aún es muy pronto para realizar un diagnóstico sobre la internacionalización de la Educación Superior de los cursos en línea, puesto que esta modalidad abierta se está convirtiendo en tendencia en los últimos años.

Sus antecedentes pueden rastrearse en el año 1938 cuando se crea el Consejo Internacional para la Educación Abierta ya distancia, *ICDE (International Council for open and distance education)* en Canadá, una organización global liderada por miembros en el campo de la educación en línea, abierta, flexible, y con tecnología mejorada. Está integrada por más de 200 instituciones y organizaciones de Educación Superior en unos 84 países.

El Concejo Internacional para la Educación Abierta y a distancia (ICDE) tiene su Secretaría permanente en Oslo, Noruega. Financiado en parte por una subvención del gobierno de Noruega, se ha alojado desde 1988, en la capital de dicho país. Desde 1960, la ICDE tiene una asociación con la UNESCO cuya impronta en materia educativa comenzó a hacerse visible en el inicio de la Universidad abierta en el Reino Unido en 1969.

A finales de la década del 70 y en los años 80 cobra fuerza el movimiento de Software Libre que se basa en los principios del conocimiento libre y cuya finalidad es que los usuarios de artefactos tecnológicos merecen la libertad de formar una comunidad, mediante la distribución de copias de diferentes programas informáticos a otras personas, publicando versiones mejoradas para que otros usuarios hagan uso de dicho material.

Durante la primera década del siglo XXI surgieron en todo el mundo los denominados Recursos Educativos Abiertos por parte de profesores e instituciones educativas. Algunos autores son críticos a la nueva modalidad virtual, este es el caso de Chiappe, A.; Hine, N. & Martinez, J. A. (2015). Estos autores critican las pruebas estandarizadas y estructuradas con herramientas automáticas de corrección que no alimentan una retroalimentación que ayude a revisar los errores.

La República Argentina viene implementando y desarrollando la cooperación dentro del contexto de internacionalización de la educación universitaria, desde finales de la década de los 90, coincidente con la aplicación en la región de las políticas neoliberales en un fuerte proceso de mercantilización de la Educación Superior y respaldado desde el Estado con el objetivo de alcanzar el liderazgo regional en materia educativa muy en boga en aquella época.

No debemos olvidar que el nacimiento a principios de los 90 del MERCOSUR no sólo tenía como lema la integración económica, sino también cultural y educativa. En la actualidad los distintos programas educativos argentinos tienen como objetivo el mejoramiento de las experiencias entre docentes y alumnos en un marco de cooperación y vínculos que apuntan a grosso modo a la excelencia académica y la transnacionalización aporta trasferencia del conocimiento científico pilares fundamentales donde se cimienta el desarrollo, respaldado por la Conferencia Regional de Educación Superior de América Latina y el Caribe (CRES).

Las agrupaciones de redes universitarias latinoamericanas han conformado, en especial, en la últimas dos décadas, conocimientos y acciones sobre la internacionalización de la Educación Superior en la región. Comparten en la actualidad experiencias y establecen vínculos de cooperación.

Entre las experiencias cumplen un rol muy importante en la aglutinación de saberes el *CUIB (Consejo Universitario Iberoamericano)* del cual forman parte las organizaciones nacionales representativas de las Universidades, tendientes a la consolidación de un espacio Iberoamericano de Educación Superior con miras en la conformación de foros para el debate e intercambio de experiencias de iniciativas educativas conjuntas (Fernández, Lamarra; 2010). Es menester en este sentido, observar la experiencia que se viene realizando en América latina en materia de cooperación para determinar los criterios comunes en la transmisión del conocimiento.

La experiencia en materia de cooperación en América Latina

Es importante remarcar en este sentido, la importancia de los aportes de redes de instituciones académicas como la Unión de Universidades de América Latina (UDUAL), Columbus, el grupo Montevideo (integrado por Universidades de Brasil, Chile, Argentina, Uruguay y Paraguay), la red Latinoamericana de Cooperación Universitaria (RLCU) y la Internacional Association of Universities[40], entre muchas unidades académicas.

A nivel regional y respondiendo los lineamientos del MERCOSUR, se ha creado la Red Latinoamericana de estudios sobre el impacto de la Evaluación y Acreditación Universitaria (RELIE), aprobado por los centros del estudio que nuclea el MERCOSUR.

En Argentina, la acreditación universitaria está en manos de la Universidad de Buenos Aires, la Universidad de Tres de Febrero, la Universidad Nacional de General Sarmiento, la Universidad de Palermo, siguiendo los lineamientos de evaluación de sus homónimas Universidad de la República (Uruguay) y la Universidad de Vale do Rio dos Sinos (Brasil).

Hay que destacar que las unidades académicas mencionadas anteriormente, han participado y participan activamente de los programas elaborados por la Unión Europea, convirtiéndose en ejes constitutivos de articulación y convergencia entre los países de la Comisión Europea y América Latina.

Uno de los programas más importes es ALBAN destinado a ofrecer becas de alto nivel para alumnos de Latinoamérica, que deseen desarrollar estudios de posgrado o de especialización en Europa. Son una forma de apoyo a los estudiantes de posgrado y doctorado

---

[40] La Asociación Internacional de Universidades, IAU creada bajo los auspicios de la UNESCO en 1950, es una organización que agrupa a instituciones de educación superior públicas y privadas a nivel mundial. Con sede en París, Francia en las instalaciones de la Unesco, la IAU está integrada por más de 650 universidades y asociaciones de universidades de educación superior de todo el mundo.

cuyo objetivo fundamental es reforzar la cooperación internacional en el marco de la Unión Europea.

En Argentina se ha incrementado la participación de estudiantes e instituciones desde año 2003 que se vincularon al mismo. En materia de temáticas específicas las Universidades argentinas y latinoamericanas se han vinculado activamente a los proyectos ALFA.

Una de las convergencias más importante de la Educación Superior en América Latina se dio en el marco del proyecto *ALFA TUNING-América Latina*[41], cuyo objetivo es definir las estructuras educativas e intercambiar información para el desarrollo de la calidad, efectividad y transparencia que motorizó la producción científica en red de 190 Universidades de 18 países latinoamericanos para aunar criterios y saberes de los estudiantes en diferentes áreas (Laurito, M. J., & Benatuil, D. 2019).

En lo que respecta a los organismos internacionales que contribuyen en los procesos de internacionalización de la Educación Superior, hay que destacar la importante función que cumple el programa *UNITWIN* (University Twinning and the Network in scheme) tendientes a reforzar los vínculos y transferencia del conocimiento más allá de las fronteras.

Sin embargo, un informe elaborado por la OECD en 2002, daba cuenta de que las instituciones latinoamericanas de Educación Superior no prestan demasiada atención e importancia a los aportes académicos puertas adentro en lo que a internacionalización se refiere. En este sentido, es importante echar un vistazo a las nuevas tendencias de Educación virtual, que muchos académicos denominan Educación virtual e internacionalización en casa (IeC), para evaluar los cambios

---

[41] El proyecto Alfa Tuning *América Latina* buscó "afinar" las estructuras educativas de América Latina iniciando un debate cuya meta era identificar e intercambiar información y mejorar la colaboración entre las instituciones de educación superior para el desarrollo de la calidad, efectividad y transparencia. Su primera etapa se llevó adelante durante los años 2004/2007, mientras que se buscó continuar la discusión de estas temáticas en su segunda etapa 2011/2013. Participan universidades de distintos países latinoamericanos y europeos.

que se vienen observando, en este último tiempo en materia de internacionalización y cooperación en el marco de la Educación Superior.

Educación virtual e Internacionalización en casa (IeC)

El proceso de educación virtual, según Bellens (2001), *educación internacional en casa* hace alusión a cualquier actividad académica internacional o intercultural, que realice cualquier Universidad latinoamericana con Universidades del exterior, proceso que en el último tiempo ha incrementado la modalidad de cursos virtuales online.

Este autor señala que el término internacionalización en casa fue acuñado por el sueco Bengt Nilsson, al observar que en la Universidad de Malmo, en Suecia, una de las más vanguardistas de Escandinavia, no se contaba aún al momento de sus estudios, con una red internacional de trabajo que pudiera ofrecer a sus estudiantes la experiencia de estudios en el exterior.

El concepto ha sido objeto de una profunda reflexión en el ámbito académico y ha llevado a la creación de un grupo de interés especial en la asociación europea para la educación internacional.

El término *internacionalización en casa* evolucionó en el contexto europeo del estadio inicial en el cual se asoció con interculturalidad, diversidad e inclusión de poblaciones de inmigrantes, hacia una concepción sistémica que abarca la incorporación de referentes internacionales en todos los ámbitos de las instituciones de Educación Superior.

En el caso norteamericano, el concepto ha asumido la connotación de *"internacionalización en el campus"* que incluye todas las formas de educación existentes más allá de las fronteras, cuyas actividades educativas ayudan a los estudiantes a desarrollar una comprensión internacional.

Esta modalidad propone que los estudiantes logren formarse con habilidades científicas y académicas, sin necesidad de salir de su Universidad para realizar una estadía de estudio en el extranjero.

Recientemente y sobre todo a partir del año 2020, la modalidad virtual, en este sentido ha cobrado mucha fuerza e interés en un contexto de expansión global del conocimiento. Esto provocó cambios y restructuraciones en los planes de estudio y procesos de aprendizaje-enseñanza, actividades extracurriculares complementarias a la internacionalización.

En Argentina se puede mencionar una experiencia interesante y novedosa en la Universidad Nacional del Centro de la Provincia de Buenos Aires, más precisamente en la facultad de Ciencias Económicas, que viene desarrollando estrategias para la internacionalización en casa desde el año 2008 (Mayoral y Álvarez, 2014).

La iniciativa consiste en crear un ambiente de estudio a través de un programa de aulas internacionales y tutorías virtuales. Esto ha tenido gran impacto en la unidad académica por la multiplicación de talleres y videoconferencias donde cientos de alumnos han tenido una experiencia internacional.

En esta línea la Universidad de Cuyo, viene desarrollando a través de diferentes dispositivos la experiencia de la virtualización en casa, diseñando un sistema de becas de idiomas diseñadas para estudiantes por ejemplo, de idiomas extranjeros como inglés, alemán , italiano, francés y el dictado de asignaturas de grado y posgrado en lengua Inglesa y financiamiento en estudios regionales, convocando a docentes que dicten sus contenidos académicos de manera virtual y que presenten propuesta para la formación virtual en universidades del exterior.

De esta forma, desde el año 2013 la Universidad Nacional de Cuyo es pionera en Argentina en desarrollar estrategias sistemáticas de internacionalización en casa. Con respecto a las becas de idiomas para estudiantes, las mismas están destinadas a estudiantes regulares de grado y posgrado de la UNCUYO, que desde 2014 vienen otorgando 42 becas, para el estudio de lengua extranjera. En el caso específico del dictado de asignaturas de pregrado y grado de lengua inglesa, la misma busca generar propuestas curriculares de cursos de grado y pregrado obligatorio, sobre áreas obligatorias específicas focalizadas en temáticas mendocinas.

Los desafíos recientes consisten en seguir de cerca la evolución de este proceso en nuestro país y en la región en un mundo cambiante frente cambios globales cada vez más rápidos. Frente a este panorama no debemos dejar de solapar la importancia que los vínculos entre estudiantes locales, extranjeros y docentes aportan al nuevo paradigma de educación a distancia en pleno proceso de internacionalización de la Educación Superior.

Educación a distancia en el proceso de internacionalización de la Educación Superior: la importancia de vínculos entre estudiantes locales, extranjeros y docentes.

Actualmente no hay un análisis exhaustivo y profundo sobre el impacto de la educación a distancia en materia de internacionalización. Cabe mencionar, que este proceso educativo se refiere a una modalidad abierta a través de plataformas educativas online que se viene replicando en los últimos años.

Autores como Bartolomé Pina y Steffens (2014) argumentan que esta experiencia educativa se remonta a 1938, cuando se crea el Consejo Internacional para la Educación Abierta y a distancia en Canadá y el inicio de la Universidad Abierta en el reino Unido en 1969, esta cuestión mencionada anteriormente en el presente artículo.

Las ofertas de educación a distancia, en su gran mayoría, se imparten en inglés y está dominada por Universidades e instituciones de EEUU. En los últimos tiempos y con anterioridad a la pandemia del covid 19, vienen desempeñando un papel muy importante en la ampliación de las oportunidades no formal, pero que aún en la actualidad no se han desarrollado en los espacios formales de los estudios superiores internacionales.

En este aspecto, es importante destacar la cuestión de la innovación en materia de educación a distancia en la región y en especial en el marco del MERCOSUR, por lo cual es necesario pensar las relaciones transnacionales de la Universidad en un contexto de innovación tecnológica y readecuación de los instrumentos pedagógicos y didácticos.

Por este motivo, se está prestando atención a los diferentes protocolos regionales para el reconocimiento de títulos en el marco del MERCOSUR, apuntando a una segura movilidad de estudiantes mediante la creación de sistemas regionales de becas y un sistema de integración interuniversitaria unificando áreas del conocimiento específica consensuadas y articuladas entre sí. Estas cuestiones se deberían trabajar en profundidad en posteriores investigaciones.

Es importante en este sentido analizar la cooperación entre estudiantes extranjeros, locales y docentes para reforzar el proceso de transferencia de enseñanza-aprendizaje y poder determinar, en lo posible, cuál es el estado de la cuestión en este momento en la región.

La cooperación y movilidad de docentes y estudiantes

En nuestro país la movilidad de estudiantes y docentes argentinos ha incrementado los vínculos y cooperación entre regiones. En la actualidad existen convenios con aquellos países que comparten la acreditación de grado correspondiente, según carreras y cursos entre ellos podemos mencionar Chile, Colombia, Ecuador, Uruguay entre otros.

La movilidad en este aspecto también responde a la ecuación de intercambio de experiencia y conocimiento científico en el contexto de flexibilidad en el marco de transnacionalización de la Educación Superior.

En el ámbito del Mercosur el programa ARTIFIC se evidencia un intercambio recíproco entre estudiantes y docentes, lo que motivó doble titulaciones, investigaciones conjuntas, al tiempo que los programas de movilidad de docentes a Paris y Madrid reforzaron los vínculos internacionales priorizando la presencia de instituciones argentinas en la Cité Universitaire de Paris (casa argentina en París) y en el campus de la Universidad Complutense de Madrid (Colegio Mayor Argentino "Nuestra Señora de Luján).

El Centro Universitario Argentino-Alemán, alianza público privada internacional entre el Ministerio de Educación, el Ministerio de Ciencia y Tecnología e Innovación Productiva, de Argentina, el Ministerio de Educación e investigación Alemana y las universidades de ambos países.

En este contexto se financiaron carreras de grado y posgrado para lograr graduados pluriculturales en un mundo alcanzado por la globalización.

Por último, cabe resaltar que la cooperación en materia educativa es más importante en el área de posgrado, observándose en la movilidad de estudiantes y docentes lo cual ha generado la conformación de posgrado binacionales y canales que facilitan la movilidad de estudiantes y docentes, como así también el reconocimiento de certificados y títulos. Esto se replica en los programas de co-tutela entre universidades francesas y de América Latina.

Al mismo tiempo se originan y establecen vínculos personales, puesto que se produce una interacción académica científica entre investigadores locales con sus pares extranjeros, que retroalimentan en la asistencia y exposiciones a congresos, dándose a conocer ante investigadores que trabajan la misma temática. En el último año esta interacción se realizó de manera virtual, con la particularidad que los trabajos científicos, en su gran mayoría abordaron problemáticas dentro del contexto de la pandemia mundial.

Los doctores de tesis que son los encargados de facilitar los vínculos a quienes trabajan en sus tutorías, vienen cumpliendo una función activa en la nueva etapa virtual del conocimiento, posibilitando que las publicaciones lleguen a revistas internaciones en formato digital, debido a que las estadías en otros países se interrumpieron en el último año. En este sentido, surgieron una multiplicidad de tensiones y dilemas que la pandemia trajo a la educación a distancia, que como todo nuevo paradigma está signado por ventajas y desventajas que la comunidad científica y académica están discutiendo muy seriamente.

Tensiones y dilemas que la pandemia trajo a la educación a distancia: ventajas y desventajas

Uno de los dilemas más acuciantes que trajo aparejado la pandemia del Covid 19 en la educación a distancia, en el año 2020 es la falta de previsibilidad en el plantel docente en la puesta a prueba de los contenidos académicos, debido que en la presencialidad el profesor puede ajustar sobre la marcha el proceso de aprendizaje así como el material bibliográfico utilizado. Esto radica en el hecho de que la interacción con el alumnado genera un vínculo más estrecho de comunicación, pudiendo detectar al unísono las falencias y problemas de la práctica pedagógica.

La educación a distancia no resuelve el contacto físico en el proceso de enseñanza aprendizaje que brinda la presencialidad sin embargo necesita que los distintos actores que intervienen en el proceso educativo estén dispuestos a comprender y adaptarse a tomar los aspectos útiles que las herramientas tecnológicas y la educación a distancia aportan en una situación de contingencia.

Por otra parte, tiene que quedar bien en claro que la educación a distancia y presencial no es lo mismo. La construcción del evento educativo es diferente en ambas modalidades.

En este sentido es de vital importancia las estrategias que el utiliza el profesor para llevar adelante el proceso de aprendizaje, como así también el conocimiento previo de los alumnos, y el manejo de las nuevas herramientas tecnológicas que permean los procesos educativos en todos los niveles educativos.

Las experiencias que los alumnos experimentan en el aula virtual son muy diferente y responden a realidades y percepciones que hacen al contexto socioeconómico de cada individuo en particular, el acceso a material tecnológico que requiere que se acorte la brecha digital para hacer más equitativa el acceso a la educación virtual.

El uso de la tecnología en muy distinto entre profesores y estudiantes, en los primeros es formal y serio, mientras que para los segundos el uso tecnológico adquiere un uso lúdico.

La educación presencial y a distancia se diferencian por el formato de los materiales y los recursos didácticos empleados. Los dispositivos tecnológicos permiten tener acceso de inmediato a una multiplicidad de material bibliográfico. Pero, al mismo tiempo se requiere de una habilidad para emplear el correcto manejo de selección de la información disponible y procesarla adecuadamente.

La relación humana es muy distinta en los dos escenarios planteados. En la presencialidad la comunicación es inmediata entre docente y alumnos y en la virtualidad dependen de factores como la conectividad, la transmisión de datos, audio y videos etc.

En la virtualidad queda expuesto que una cosa es aprender y otra muy distinta es cumplir con las entregas de actividades para que quede un registro, es decir que se vea un producto elaborado.

Hay que resaltar que grandes volúmenes de material bibliográfico, no es prueba suficiente de aprendizaje por parte del alumnado. Por lo tanto, las estrategias de enseñanza deben orientarse a un procesamiento de la información que permanezca en el alumno como un conocimiento ligado a su vida.

La tecnología no desplaza al docente, detrás de un aparato tecnológico está un conjunto de factores que dan sentido a su uso y donde el aspecto humano juega un rol primordial en el proceso de producción del conocimiento científico. Por lo tanto, la formación docente debe orientarse en el empleo, perfeccionamiento y uso correcto de las herramientas tecnológicas para producir una educación de calidad.

El alumno requiere información clara y concisa, de lo contrario se correr el riesgo de que encuentre poco atractivo al material de estudio y termine por abandonar sus estudios. En este sentido hay que consolidar un proyecto educativo que integre a los alumnos en un sentido más comunitario, en el proceso de producción del conocimiento.

Ventajas y desventajas de la educación a distancia

Entre las **ventajas** de la educación a distancia se puede destacar la autonomía en los horarios, muchos de los cursos son asincrónicos y se pueden acceder a las grabaciones elaboradas por los profesores, permitiendo que se puedan ver reiteradamente.

Por otra parte, los cursos que se toman en Universidades o instituciones superiores internacionales en la modalidad a distancia democratiza el acceso a la educación y en materia económica facilita y posibilita mayor integración internacional. Con las clases online, se puede cursar desde cualquier lugar, siempre y cuando se cuente con buen acceso a internet para ver el material de estudio, en caso de que el contenido esté disponible offline.

Entre las **desventajas** para los estudiantes y uno de los grandes desafíos que deben afrontar es el incumplimiento de la carga lectiva. Al ser posible determinar cuándo estudiar, muchos estudiantes van dejando todo para último momento y al final no logran cumplir con los objetivos de las propuestas en los distintos cursos.

Algunos profesores tienen ciertos temores y desconfianza de la modalidad online, porque consideran que en un futuro no tan lejano podría desplazarlos del mercado educativo y quizás no logren volver a dar clases presenciales.

Perder contactos con sus colegas, es otro de los temores, porque se cree que dedicarse a la educación a distancia, se perderían todo contacto con las personas que trabajan en la misma institución o nicho donde se trabaja.

Reflexiones finales

El impacto de la virtualización en la enseñanza ha provocado enormes desafíos tanto a docentes como a estudiantes, e irrumpió de manera abrupta en el inicio del ciclo lectivo 2020 debido a la pandemia originada por el covid 19.

Este proceso de acercar la tecnología como herramienta pedagógica estaba en debate desde hace un tiempo, y motivó cuestionamientos y algunas adhesiones tanto desde el lado de los docentes como los alumnos.

La transnacionalización de la Educación Superior y su corolario, los cursos a distancia, deben ser considerado como un horizonte próximo para la nueva estructura universitaria, teniendo en cuenta los nuevos desafíos que debe afrontar con respecto a las demandas de democratización y pertenencia a los canales sociales de conocimiento e información.

En este sentido es de vital importancia los acuerdos entre naciones y regiones, al tiempo que deberían integrase los organismos internacionales, como espacios para establecer lineamientos comunes en la trasferencia del conocimiento.

La unificación de criterios a partir de debates y consensos desde los distintos ámbitos gubernamentales, sociales y políticos es una herramienta central para dotar de fuerza y sentido a la educación transnacional, de modo tal de alcanzar la confianza y el respeto en el proceso de trasferencia de saberes, en un mundo globalizado donde la producción del conocimiento ha virado hacia nuevos paradigmas de enseñanza virtual a distancia. Esta ha venido para quedarse aportando, por un lado, ventajas y generando, por otro, desventajas para la comunidad académica y científica en general. Habrá que evaluar los resultados y cómo se configuran estos elementos en el futuro.

Bibliografía

AUPETIT, Sylvie Didou (2017) *La internacionalización de la Educación Superior en América Latina: transitar de lo exógeno a lo endógeno*, México

AUPETIT, Sylvie Didou (2000) *Sociedad del conocimiento e internacionalización de la Educación Superior en México*. México: ANUIES.

BEELEN, J. (2011). *Internationalisation at Home in a Global Perspective: A critical Survey of the 3rd Global Survey Report of IAU. In Globabalisation of Higher Education.* Revista de Universidad y Sociedad del Conocimiento (RUSC), Vol 8. N°2, pp.249-264.

DIDRIKKSON, A. (2006). *La mercantilización de la Educación Superior y su réplica en América Latina*, Perfiles Educativos, Número especial.

FERNÁNDEZ LAMARRA, N. (2010). *La convergencia de la Educación Superior en América Latina y su articulación con los espacios europeos e iberoamericano: posibilidades y límites.* Revista da Avaliacao da Educacao Superior; Vol 15 N° 2, pp.9-43. Disponible.

FERNÁNDEZ LAMARRA, N. y ALBORNOZ, M. (2014). *La internacionalización de la Educación Superior y la ciencia en Argentina.* En: A Didaut Aupetit, S. y Jaramillo. V (coord.). (2014). Internacionalización de la Educación Superior y la ciencia en América Latina y el Caribe: Un estudio del Arte. Caracas: UNESCO-IESALC.

GARCÍA DE FARINELLI, A. (1999). *La Educación Transnacional: la experiencia extranjera y lecciones para el diseño de una política de regulación en la Argentina.* Bs. As. CEDES-Centro de Estudios de Estado y Sociedad.

IRIARTE, Alicia (2018). *Los Sistemas de Educación Superior en Latinoamérica: Transformaciones y transnacionalización. Un nuevo paradigma.* Ed. Diseño, Bs As.

IRIARTE, Alicia (comp.) Andrés MOMBRÚ RUGGIERO (editor) 2020. *Los Sistemas de Educación Superior y La Transnacionalización en Latinoamérica. Tendencias, Modalidades y Estrategias en la Actualidad.* L.J.C Ediciones. Bs. As., agosto ISBN 978-987-95828-8-6 Link en Repositorio Digital Institucional de la UBA es:http://repositoriouba.sisbi.uba.ar/gsdl/cgi-bin/library.cgi

KNIGHT, Jane. (2002). *Trade in Higher Education Services. The Implications of GATS.* The Observatory on Borderless Higher Education. London.

LAURITO, M. J., & BENATUIL, D. (2019). *La internacionalización de la Educación Superior. Análisis del caso Proyecto Alfa Tuning América Latina. Journal de Ciencias Sociales*, (12). https://doi.org/10.18682/jcs.v0i12.930

RAMA, Claudio (2012). *La Educación a distancia en América Latina y el Caribe.* Realidades y tendencias, La Plata: UNLP, FaHce.

RAMA, Claudio (2015). *La Universidad sin frontera: la Internacionalización Superior en América Latina.* México: Unión de Universidades de América Latina y el Caribe, primera edición.

Reflexionando sobre educación y pandemia
Pablo Mariano González

El objeto del presente artículo es explorar algunos aspectos derivados de la pandemia que han incidido en los sistemas educativos, particularmente en Argentina, recorriendo el mismo a través de los modos que garantizan la puesta en marcha, sostenimiento y acceso a las propuestas pedagógicas y vínculos derivados del proceso educativo.

Asimismo, se plantean puntos que atraviesan lo anterior en aspectos políticos, sociales y económicos.

La Educación en el centro de la escena pública y política

La Educación es un tema que, en apariencia, en nuestro país preocupa a varios sectores de la sociedad por motivos diversos. Preocupa, con intereses e intensidades en ocasiones desmesuradas, pero en el cual no se ha puesto el esfuerzo requerido.

Asimismo, más de la media de la población se siente con potestad de opinar sobre los caminos que la misma debe tomar para su mejora; es por ello, que, no siempre con las mejores intenciones, es tomado tibiamente por el sector político en momentos muy puntuales, por ejemplo, en campañas políticas previas a comicios de diferente índole, apariciones mediáticas en paneles de baja preparación académica, comentarios por diferentes redes sociales, entre otros; parecería ser que la potencia aglutinante del tema inquieta de tal manera que algo hay que decir, posiciones hay que adoptar, batallas hay que presentar.

Por lo anterior, no debe, o al menos no debería, presentarse como curioso observar que esta seudo preocupación acerca de la Educación sea utilizada políticamente.

Es lamentable observar, asimismo, que esa ficción sobre la temática se sustenta sobre pobres bases conceptuales, escasa capacidad de argumentación, nulo entendimiento y ausente empatía por los sectores que más necesitan una Educación de calidad, justa e igualitaria.

Asistimos, de esa manera, a un triste espectáculo mediático que se muestra como capaz de tener la clave del éxito, mezquinos usos de ideas y proyectos que aseguren el derecho a una Educación pública, privada o estatal, de calidad. El espectáculo se mantiene en las esferas del show, pero a distancia de la realidad sobre la que intenta describir o aparenta saber.

La discusión sobre educación, al mismo tiempo, se da a las apuradas, parecería ser que se está en constante carrera; el gran interrogante sería descifrar qué persigue o de qué o quién se está huyendo.

Sin perjuicio de lo anterior, y entendiendo que será acotado el espacio del artículo para abordar en profundidad los temas derivados de la situación educativa en tiempos de pandemia, se introducirán perspectivas que abordan el impacto en el ejercicio de la docencia, entendida ésta como la práctica social que pone en marcha el sistema educativo. Temas tales como el efecto de la extensión de la jornada laboral en consonancia, o no, con los derechos laborales de los trabajadores de la Educación, los cambios que han sido implementados por los docentes relacionadas a las propuestas pedagógicas, la incidencia en los diferentes niveles educativos, la proliferación de espacios y propuestas de capacitación docente permanente y de manera remota. De igual manera, es dable mencionar la inversión en aspectos tecnológicos que intentan acortar la brecha digital en línea con el derecho a la inclusión digital.

En marzo de 2020, el impacto de la pandemia comenzó a dibujar un escenario novedoso a nivel mundial sobre el cual era imperioso tomar decisiones. Este hecho abre campos desconocidos hasta el momento y como tal los actores implicados luchan por apropiarse del capital en juego en el mismo tomando posturas para configurarse como líderes.

Jornada escolar, docentes y derechos laborales

Sin lugar a dudas, el impacto de la pandemia y las medidas preventivas adoptadas por el gobierno nacional y el provincial, en la Argentina, han tenido un fuerte efecto sobre todos los ámbitos que atraviesan y dan forma a la vida en sociedad; el sistema educativo en todos de sus niveles organizativos, inicial, primario, secundario y superior, no se ha mantenido al margen de tal situación.

Ampliando la idea anterior, proponemos comentar sobre aspectos generales que han tenido un alto impacto durante el año 2020 para luego circunscribir el análisis a la situación del nivel superior. Es importante destacar que existen rasgos generales de incidencia de las mencionadas políticas y medidas, por un lado, e impactos que pueden reducirse a los diferentes niveles del sistema educativo ya que cada uno presenta características distintivas que los diferencian entre sí.

Sin embargo, uno de los parámetros de análisis en común de todos los niveles del mencionado sistema guarda relación con la realidad que los docentes han tenido que enfrentar desde el inicio del ciclo lectivo 2020 hasta el día de hoy, independientemente del nivel en el cual prestan servicio.

En ese sentido, es interesante poder plantear uno de los primeros ejes de análisis sobre el tema de *la jornada laboral de los docentes*. Desde esta perspectiva, la jornada laboral se vio extendida desde los primeros días del mes de abril del año pasado; en esa línea, aquellos docentes que hasta ese momento cumplían una jornada laboral de cuatro u ocho horas diarias, fueron testigos de la forma en que dicha rutina laboral se acrecentó ya que los tiempos que la pandemia impuso sobre la planificación de propuestas pedagógicas, el envío de las mismas, la necesidad y las peripecias para lograr una comunicación, para luego, en el mejor de los casos, llegar a enviar un feedback sobre la tarea recibida y realizada por los estudiantes, sobrepasaba largamente las jornadas de ocho horas.

Como resultado de lo anterior, los docentes de los diferentes niveles educativos se encontraron forzados a transitar por espacios diferentes al presencial para poder llevar a cabo su labor, situación inédita en el espacio de sus prácticas pedagógicas hasta ese momento.

Sirva de aclaración para lo anterior, mencionar que el ámbito de la docencia no es ajeno a ser atravesado por lo inédito o incierto, de hecho, es habitual encontrar mucha bibliografía que describe perfectamente este tipo de aspectos del quehacer docente, incluso, desde la mirada de la pedagogía proscrítica, la cual analiza la manera en que la educación como práctica social es atravesada y propone cambios en todo lo que implica la acción educativa a nivel mundial, podemos asirnos de algunas estrategias; sin embargo, la situación que atravesó a los sistemas educativos globalmente no contaba con precedentes registrados desde los cuales iniciar un esbozo de pedagogía efectiva en tiempos de pandemia.

En ese contexto, docentes de todos los niveles apelaron a muchas de sus estrategias creativas para lograr el vínculo pedagógico en un primer momento, para luego comenzar la revinculación desde otros aspectos que también forman parte de la realidad y la habitualidad escolar, tales como los vínculos afectivos, característicos de cualquier relación pedagógica.

Desde esa mirada, en los primeros momentos se apeló a instancias conocidas de diseño de tareas y actividades, las cuales detentaban un lugar privilegiado dentro de lo que era "esperable" recibir por parte de los docentes en cualquier nivel. Por este motivo, la premura de las primeras semanas no permitió grandes espacios de reflexión sobre la situación que estaba atravesando a todos los actores que confluyen en los diferentes niveles del sistema.

Luego de que los docentes pudieron entender las características de la nueva situación que estaba atravesando al sistema educativo, a sus convicciones sobre las mejores maneras de presentar sus propuestas didácticas, y hacer frente a la incertidumbre respecto de la extensión del período de aislamiento, comenzaron a observarse espacios que propiciaron un proceso reflexivo sumamente efectivo con el objeto de encontrar las mejores maneras de restablecerlos vínculos que se generan en el ámbito educativo.

No faltó la mirada y los consejos de los "gurúes" de turno con recetas milagrosas y/u oportunos cursos sobre métodos pedagógicos para hacer frente a las situaciones diversas que atravesaban la realidad docente y estudiantil. Sin embargo, poco se podía rescatar de dichos seminarios o "webinarios", como se los llama actualmente por estar dictados a través de la web, ya que no había experiencia previa sobre lo que estaba aconteciendo a nivel mundial y su impacto sobre los sistemas educativos.

La observación de aquellos implicados en tal situación, contemplaba la angustia que acechaba a los intentos vanos de sostener un dictado de clases de manera virtual con herramientas metodológicas de los conocidos y antiguos métodos pedagógicos pre pandémicos. Los encargados de tomar decisiones respecto de las novedosas formas de reencauzar la problemática pedagógica se encontraron atónitos y, en muchos casos irresolutos, respecto de las medidas a implementar en medio de lo inédito e incierto que la deriva de la pandemia imprimía sobre los primeros esbozos de ideas nóveles.

En ese sentido, asistimos a la proliferación de debates en cuanto a la *evaluación,* calificación y promoción de los estudiantes poniendo especial énfasis en los últimos años de cada nivel ya que serían los que debían iniciar en el siguiente nivel educativo al finalizar el ciclo lectivo 2020, y para quienes había que encontrar una salida decorosa.

Volviendo a los docentes, la realidad los apremió a sostener algún tipo de vínculo que asegure la transmisión de contenidos priorizados. Esta necesidad de mantener funcionando el sistema recuerda al concepto de *instituciones zombis* (Bauman, 2003) el cual es enunciado para describir aquellas instituciones sociales que, metafóricamente, parecen estar muertas o próximas a su muerte, pero que, sin embargo, siguen funcionando sosteniendo algunos rasgos que las caracterizaban en sus sociales de funcionamiento. Fuimos testigos, en esa línea, del gran esfuerzo en la puesta en marcha de formas y métodos pedagógicos de la pre pandemia transferidos a la situación de pandemia que reinaba, sin notar, y aún sin notarlo, que uno de los aspectos más modificados por la realidad, y que, paradójicamente, forma parte de uno de los puntos a considerar al momento de la planificación, se había visto alterado para siempre: el tiempo.

El tiempo escolar y el tiempo de la pandemia no parecen haberse compatibilizado aun hoy a más de un año de intento de acercarlos.

Los docentes insisten, en sus cada vez más acotados momentos, en hacer encajar modos de una escuela que ya no es, o de un sistema que ya no se rige por las mismas medidas temporales de antes.

En esa línea argumentativa, se han observado docentes que seguían corrigiendo hasta altas horas de la noche, la mesa familiar se convirtió en el aula, en la sala de profesores, en las reuniones de jornadas, en ese sentido, la escuela con todos sus devenires ingresó a los hogares y en muchos casos expulsó lo hogareño de los ambientes de la casa.

En muchos casos, se han convertido en *expertos del home schooling*, han explorado diferentes plataformas virtuales que aseguran algún tipo de propuestas casi emulando a la clase escolar presencial. A lo anterior se le suma la inexplicable necesidad burocrática, (que seguramente brinda alguna seguridad a algún dirigente), de tener todo registrado a como de lugar, incluso aún sin saber para qué se registra qué y cómo y a qué sitio se debe subir lo anterior.

También, esto último, formó parte de la demanda a la nueva rutina laboral de los docentes de todos los niveles. Ergo, se comenzaron a observar docentes sobre demandados y exigidos, pero poco acompañados desde lo anímico y/o laboral: *muchos de sus derechos laborales* con respecto, por brindar un ejemplo, a *la duración de la jornada laboral se han visto vulnerados*. Como es habitual en temas que se refieren a la educación en nuestro país, la discusión se anota en la agenda de la vida pública con un pobre, y en muchos casos, poco serio tratamiento por la media de la sociedad que donde se ven en muchos casos opiniones con poco conocimiento sobre lo pedagógico. Todo lo anterior suma al desprestigio sobre la labor de tantos docentes.

Asimismo, ha sido, al menos intrigante, el rol que ocuparon los gremios docentes en relación a sus representados, se comenzó a notar un quiebre en la relación de éstos con aquellos, marcando ampliamente la diferencia entre aquellos que están en el campo de acción y los que no lo están hace rato.

A pesar de lo anterior, también hubo espacios de reconocimiento a la labor de los docentes que, lamentablemente, no ha sido sostenido en el tiempo. En muchas oportunidades se observaron a través de las redes diferentes agradecimientos y reconocimiento hacia aquellos docentes que seguían haciendo lo imposible para mantener el sistema en funcionamiento. El registro sobre la dificultad que existe en la transición de un conocimiento, las experiencias de docentes que mantenían el vínculo a pesar de todas las adversidades, económicas, de distancia, de conectividad y, hasta incluso, de salud, fueron uno de los espacios que reconocieron tímidamente lo que los docentes a diario enfrentan en su intento de hacer que la cosa funcione.

En la mayoría de los casos, por no decir en todos, es la figura del docente el que enfrenta la realidad educativa con todos sus devenires, inéditos e incertidumbre respecto de la labor diaria.

Brecha e inclusión digital

La *conectividad* fue otro de los grandes obstáculos que se planteó como difícil de sortear en los primeros meses, (y aún casi al final del ciclo lectivo). Desde los altos estratos de la dirigencia que debe regir y dictar las maneras en que todo el sistema debe funcionar, se proponían tapar el sol con un dedo para ocultar la diferencia entre las distintas y muy diversas capas de la sociedad que asisten a escuelas de cualquier tipo gestión. En poco tiempo quedó claro que *grandes cantidades de estudiantes y de docentes no tenían acceso a dispositivos tecnológicos y conectividad de calidad.*

Se planteó, en esos primeros meses, el problema de la desigualdad de ambas propuestas, la que depende de la esfera conocida como estatal y la del sector que nuclea a las escuelas de gestión privada. En esa línea, las primeras medidas adoptadas desde el Ministerio de Educación Nacional apuntaban a una imaginaria dinámica de igualar el sistema y las propuestas. Se comenzaba a hablar acerca de las diferentes maneras de evaluar y calificar las producciones de estudiantes, sin importar la forma en que se debería *garantizar la inclusión digital como derecho de los estudiantes del siglo XXI.*

El debate está abierto hace ya un tiempo. Ocurrió, en esa línea, un proceso de visibilización de la problemática que ya es, a esta altura, un secreto a voces. El impacto de la pandemia puso de manifiesto las falencias en términos de garantizar dicho derecho al acceso a la educación digital; en palabras de Maggio "(...) *La pandemia se convirtió en el analizador crudo de las deudas en materia de inclusión digital. En 2020, las y los estudiantes sin acceso quedaron desconectados, completamente afuera de las propuestas educativas (...)*". (Maggio, 2021).

En el siglo XXI durante el cual se ha observado una de las revoluciones más importantes en el mundo, la tecnológica, con la aparición de herramientas digitales, aplicaciones, plataformas que complementan las dinámicas de las propuestas pedagógicas, restaba aún la puesta en marcha de esfuerzos sostenidos y situados que acompañen a los docentes en su recorrido por las aulas.

De forma no muy notoria, los intentos de acercar la brecha digital entre los mencionados adelantos tecnológicos y el sector docente, se basaban en la puesta en marcha de espacios virtuales que ponían a disposición herramientas no muy sencillas de aplicar en el espacio del aula, así como también tibios esfuerzos por garantizar el espacio de formación docente continua, parte integrada hace un tiempo, pero no efectivamente puesta en marcha, en los estatutos que garantizan la formación docente continua, el acceso a la misma y la inversión en ese sentido por parte del Estado.

Dentro de los mencionados esfuerzos, se habían distribuido netbooks bajo el programa que se implementó con el nombre Conectar Igualdad[42]. El mismo identificaba como prioridad la puesta a disposición de estudiantes y docentes de recursos digitales para acortar la mencionada brecha digital que ponía de manifiesto la necesidad de contar con dichas herramientas. En tal sentido, los esfuerzos desde las políticas sociales y educativas contemplaban la accesibilidad digital desde componentes de hardware hasta software que permita el funcionamiento de los mismos.

Restaba seguir propiciando políticas que permitan la llegada de conexión a internet en los diferentes niveles del sistema educativo. Lamentablemente, este programa se interrumpió en 2018. Parece ser que una parte de la inversión, la que respecta a esa garantía de acceso a internet, quedaba en el debe.

La interrupción del programa Conectar Igualdad, tuvo como corolario el incremento de la brecha digital e instancias de poca o nula inclusión digital de los sectores más necesitados quienes se aprestaban a ocupar los márgenes de los esfuerzos de llegar mediante algún medio a las propuestas pedagógicas que comenzaban a esbozarse.

Entre otros aspectos ya mencionados, la pandemia colaboró en hacer notar esta falta junto con la falta de respuesta y políticas que reactiven el programa.

Vale la pena agregar un aspecto más a la temática, no se debería soslayar el hecho de que, *en no pocos casos, los docentes han recu-*

---

[42] El programa Conectar Igualdad fue lanzado por durante la presidencia de Cristina Kirchner en el año 2010 bajo el nombre de Programa ConectarIgualdad.com.ar, mediante decreto N° 459/10. Tenía por objetivo de entregar una netbook a todos los estudiantes y docentes de las escuelas públicas secundarias, de educación especial y de los institutos de formación docente.

rrido a sus propios medios de comunicación y conexión digital para que la marcha del dictado de clases, sea cual sea la realidad que atravesaba a las instituciones en las cuales prestaban servicio, no se vea afectada o interrumpida.

En dicha línea argumentativa, los teléfonos celulares de los docentes, sus propias computadoras hogareñas, que en varios casos debían compartir con otros miembros de la familia, ya sea hijos en edad escolar, o cónyuges que debían conectarse a sus empleos para continuar trabajando, entre otras circunstancias en las que incluimos la inversión en mejor calidad de conexión a internet o la actualización y/o reparación de los mencionados recursos, no sin mencionar la inversión de tiempo y, no menos frecuente, monetaria para estar a la altura de lo que se prestaba como eficaz para garantizar la continuidad pedagógica.

Toda inversión fue afrontada, en todos los aspectos mencionados, por parte de los docentes.

La experiencia del año 2020 en lo que al ámbito de la educación respecta, no ha resultado una base sólida sobre la cual comenzar a idear políticas que hagan frente a lo ya acontecido en el primer trimestre de clases 2021. Las incertidumbres respecto de lo mencionado en el apartado lejos de mostrarse en un grado menor de ocurrencia, se incrementan desde las pocas certezas en relación a los modos de seguir acompañando la marcha de la maquinaria educativa. Se suma a esta realidad la intermitente decisión en cuanto al método a implementar para el dictado de clases, debatiéndose el mismo entre los parámetros de presencialidad, virtualidad, bimodalidad y las variantes que puedan implementarse, sin resolver ni la brecha digital ni las instancias que propicien una verdadera garantía del derecho a la inclusión digital.

Aparentemente, la experiencia no puede, en este sentido, dar respuesta.

La Situación en el Nivel Superior

La situación en el Nivel Superior, si bien guarda líneas de contacto en lo que respecta a la carga horaria dedicada a la transmisión de contenidos, extensas horas de dictado de clases, recepción y corrección de las producciones de los estudiantes, y demás peculiaridades descriptas anteriormente, ha presentado algunas particularidades a señalar y que hicieron que la experiencia de cursada y dictado de clases sea diferente a lo que sucedía en tiempos pre pandémicos.

Uno de los comentarios más escuchados entre los que han dictado clases en Nivel Superior en general, es que la dinámica de contacto y vinculación entre docentes y estudiantes a través de plataformas que permitían un encuentro sincrónico, experimentaron, en promedio, una considerable baja en el número de estudiantes por comisión. Este hecho se describe entre docentes de universidades públicas en las cuales es habitual un gran número de estudiantes poblando las aulas.

Respecto de la dinámica de dictado de clase, al ser el docente el que puede asignar el turno en el que cada estudiante aportará a la dinámica de la clase, existe la posibilidad de controlar de mejor manera los intercambios; el espacio de la clase se configura de una manera singular y diferente a aquella que es habitual cuando se asiste presencialmente a cursar.

Otra de las particularidades que se han mencionado recurrentemente, es el tema de la duración de las clases y la atención sostenida a lo largo de la misma; en esa línea, se destaca que la clase se aprovecha de una manera más eficaz. El hecho de que la capacidad de atención sea no mayor a dos horas aproximadamente, ha presentado a los docentes con la necesidad de diseñar las propuestas pedagógicas desde enfoques que anteriormente no sucedían.

De esa manera, en tiempos pre pandémicos, un gran porcentaje de las clases presenciales tornaban a modelos más expositivos de dictado de clases. Esto se ha transformado con la virtualización pero quedó claro que existen carreras y materias en las cuales la especificidad del contenido a transmitir y las características del profesional que se está formando, plantean la necesidad de una mayor interacción y participación en la dinámica áulica.

Asimismo, la asistencia a clases ha sido otro aspecto a considerar. Respecto de esto, la asistencia en universidades suele ser un poco menos exigente, el caso es diferente en el Nivel Terciario donde la asistencia suele ser registrada de manera más detallada, y los estudiantes, incluso, pueden hacerse presentes con las clases ya iniciadas, ingresando sin alterar lo que está ocurriendo en el aula.

En la situación actual, los estudiantes deben aguardar a que los docentes permitan el ingreso al aula virtual, dependiendo de la plataforma que se utilice para tal fin, los estudiantes aguardan en una sala de espera virtual desde la cual, si el docente así lo quisiera, podría registrar con nombre y apellido aquellos asistentes a las clases.

La naturaleza intrínseca de esta modalidad de cursada plantea una exposición diferente a la que estaban habituados docentes y estudiantes. Por tal motivo, la naturaleza de este aspecto de la clase se ve alterada.

Ampliando la descripción respecto de la manera en que las clases se han desarrollado, cabe mencionar que algunas plataformas que han sido utilizadas para tal fin, permiten un diseño de la propuesta pedagógica que contemplan momentos en que la misma se desarrolle de manera sincrónica y alternando espacios asincrónicos de desarrollo de contenidos.

En tal sentido, se observó que algunos espacios curriculares hicieron uso de las posibilidades de subir material de lectura y abrir el espacio de debate sobre la misma a través de los foros. De esa manera, un docente contó con la posibilidad de establecer espacios sincrónicos de encuentro que no necesariamente se daban semanalmente; asimismo, las opciones de "foro" y "debate" que tales plataformas ofrecen, permitieron que los docentes ofrezcan un intercambio más relajado respecto de las lecturas propuestas.

Ahondando aún más en la idea anterior, un docente tuvo la oportunidad de proponer que los estudiantes avancen con los contenidos propuestos en los diferentes espacios curriculares acomodando sus tiempos y organizando la lectura de una manera más independiente; los docentes prepararon guías de lecturas y preguntas disparadoras que brindaban el marco para que los estudiantes lean en las diferentes claves necesarias; en esa dinámica, la participación en foros se erigió en un espacio de intercambio a través del cual los estudiantes daban cuenta de la lectura que estaban realizando.

Aún más, las mencionadas plataformas les brindaron a los docentes acceder al progreso que dichos espacios experimentaban ya que las notificaciones de lo que acontece en esos espacios virtuales de intercambio llegan a las casillas de correos que deben utilizarse para ingresar al diseño y participación en las propuestas didácticas.

La dinámica de participación en foros permite la posibilidad de estar "en tema", es decir, los estudiantes deben contemplar los parámetros que cada docente considera esencial para la participación y, en consecuencia, el estudiante debe responder a dichos requirimientos. En ese sentido, la lectura del material propuesto es, en la mayoría de los casos, condición para que el aporte de cuenta de la lectura del material.

La posibilidad que brinda el foro desde la percepción de docentes y estudiantes es altamente positiva en relación a las consideraciones que cada una de las partes suele realizar.

En tal sentido, los docentes mencionan que es una herramienta que posibilita el seguimiento de los recorridos que las lecturas y la comprensión de las mismas por parte de los estudiantes están atravesando.

En cuanto a los estudiantes, existe cierta consideración a que el foro es un espacio que es, en cierta forma, menos estructurado y exigente respecto de los tiempos en los cuales la participación se hace necesaria; les brinda, en esa línea argumentativa, cierto espacio de libertad y momentos en los cuales pueden hacer intervenciones en ese espacio. Mencionan, sin embargo, que, a pesar de poder diagramar sus momentos de lectura de manera diversa, es una exigencia mantener una lectura de los materiales subidos para participar de los foros ya que no se puede participar en clave de opiniones personales sin mayores fundamentos que se derivan de una lectura a conciencia.

Respecto de las instancias formales de evaluación, las mismas son de diferente naturaleza en cuanto a las propuestas que cada espacio curricular determina; asimismo, los momentos en que las mismas se llevan a cabo están claramente definidos en los calendarios académicos diseñados para tal fin. Las mismas han sido atravesadas por las particularidades que presentó el dictado de las clases de forma virtual.

A modo de cierre

Un sistema que alfabetiza, pero al que le cuesta escribir(se) y leer(se)

"Enseñar todo a todos", rezaba el principio de la pansofía de Comenio o más acá la "lectura del mundo", del inagotable y genial Paulo Freire, ya sea que el objetivo sea más afín a uno u otro momento histórico, los sistemas educativos se han caracterizado por tener una misión clara, entre otras principales, en alfabetizar, es decir, enseñar a leer y escribir.

Podrá abrirse el debate más adelante a pensar qué objetivos políticos dicha práctica persigue ya que, como es bien sabido, la educación es una práctica política y ejercerla, es tomar posturas. Establezcamos un acuerdo respecto a que el sistema educativo, en lo que a este apartado final refiere, se organiza con la intención de alfabetizar como idea primigenia.

A lo largo de su extensa historia, el sistema ha ido añadiendo funciones, tareas, objetivos, intereses, a lo simple o no tan simple de su función alfabetizadora.

En líneas generales, el sistema educativo funciona sin mucha lectura sobre sus modos de funcionamiento, por lo tanto, no ha habido mucha necesidad de una lectura profunda y reflexiva sobre muchos aspectos de las normativas para dicho funcionamiento.

La pandemia invirtió la ecuación: hoy hay una necesidad de lectura casi permanente sobre esos modos de habitar las instituciones y de maneras de resolución de los nuevos inéditos, no sólo en aspectos de convivencia, sino también en aspectos que forman parte de *cuestiones elementales del sistema como lo son la promoción, acreditación, calificación, hoy le sumamos el cuidado, el distanciamiento, el no compartir objetos, en muchos casos hay que desrutinizar la rutina escolar.*

Actualmente, se asiste a la impresionante cantidad de resoluciones escritas intentando responder a los tiempos acotados que imprimen velocidad y poco espacio para la reflexión y toma de decisiones. Como se ha mencionado, parece ser que poco de la experiencia previa se ofrece como espacio de deliberación que redunde en respuestas que contemplen las variables que se presentan al momento de ingresar, transitar las instituciones educativas.

Sirva como ejemplo, la dinámica que se observó en las primeras semanas del mes de febrero, momento en el cual las resoluciones que llegaban desde los organismos centrales que deciden sobre la implementación de las normas que propugnan, la innumerable cantidad de actualizaciones y rectificatorias a lo ya escrito. Bastaba con recibir una resolución que dictaminaba las maneras de preparar la institución para el ingreso de estudiantes para que en menos de 48 horas recibir otra resolución que modificaba la anterior, sin pasar por alto el hecho de que a menos de un día hábil del inicio del ciclo lectivo seguían acumulándose en las casillas de mails de directivos resoluciones, ampliatorias de las primeras y así sucesivamente.

Estos hechos evidencian una triste realidad: el sistema que enseña a leer y a escribir propiciando una dinámica reflexiva, no puede tomarse un tiempo de aprovechar experiencias previas, de instalar espacios reales de asesoramiento, consultas a docentes, mesas de debate. Se escribe a las apuradas y no tiene la capacidad, aún, de leerse en términos reflexivos. Resuelve a las apuradas, mirando de reojo intereses de todo tipo, pocos de los educativos, políticos y en casos económicos, mezquinos y divorciados de la esencia de lo educativo, lamentablemente, esos son muchos más.

Sin embargo, no sería justo culminar sin aspirar a la esperanza que es la base más justa del sistema educativa en cualquiera de sus niveles, ésta nos permite entender el compromiso ético que está en la base de aquellos que transitan su "ser" docente de la manera más noble.

La crisis, siguiendo la etimología del término, es un espacio que permite poner en perspectiva lo que a la vista se presenta como enmarañado, enredado, complicado; es un espacio de análisis, de desmembrar, de poner en perspectiva, de mirar parte por parte lo que configura un todo que a simple vista se presenta homogéneo no siéndolo.

La crisis de esta pandemia como oportunidad implica, en nuestra opinión, no dejar pasar esta posibilidad de aprender, irónicamente, a leer y escribir este sistema, para hacerlo más justo y ético, este sistema que enseña lo que todavía, en apariencia, le cuesta tomar para sí mismo.

Referencias Bibliográficas

BAUMAN, Zygmunt (2003) *Modernidad líquida*, Octaedro Editores, México.
BOURDIEU, P., & GROSS, F. (2003). *Capital cultural, escuela y espacio social*. Buenos Aires: Siglo XXI Editores.
CHARLOT, B. (2008). *La relación con el saber. Formación de maestros y profesores. Educación y globalización*. Montevideo: Trilce.
MAGGIO Mariana, (2021) *Educación en pandemia*, Ediciones Paidós. CABA
(2018) *Reinventar la clase en la Universidad*. Ediciones Paidós. CABA
MEIRIEU, P. (2016). Recuperar la pedagogía. CABA: Paidós.
PERRENOUD, P. (2004). *Desarrollar la práctica reflexiva en el oficio de enseñar*. Barcelona: Grao.
SAVATER, F. (2016). *El valor de educar*. CABA: Paidós.

Referencias de los autores

Alicia Iriarte
Licenciada en Sociología, Magíster en Ciencias Políticas y Doctora en Ciencias Sociales, FLACSO.
Posgrado de Especialización: Quantitative Methods of Social Research. Inter University Consortium for Political and Social Research (ICPSR) Summer Program. University of Michigan.U.S.A.
Becaria del gobierno de Canadá.
Profesora Regular UBA, Profesora Consulta UBA.
Docente Posgrado y Directora de proyectos UBACYT.
Investigadora categorizada 1 por la Comisión Nacional de Evaluación. Ministerio de Educación de la Nación
Asesora Ministerio de Cultura de la Nación. Area : Cooperación Internacional .Evaluación de Programas y proyectos. Organizadora y evaluadora Concurso N° 2015.OEI, Organización de Estados Iberoamericanos./Programa Iber Rutas
Jurado y Evaluadora externa. Proyectos de investigación Informes de avance y finales
Consultora PNUD. Docente IPAP.
Participó en diversas presentaciones nacionales e internacionales como ponente y expositora.

Entre sus publicaciones más recientes se encuentran: (compiladora y/o autora) "La universidad pública en tiempos de incertidumbre: un debate pendiente", "La Argentina fragmentada: aspectos de la nueva cuestión social", "La universidad pública argentina: ¿crisis o encrucijada?", "a educación en el centro del debate. Planteos y Desafíos para la Educación Superior", "El sistema universitario en Latinoamérica. Adecuaciones a nuevos escenarios de crisis y globalización. Tendencias y transformaciones. Bs As", "Cuestiones del sistema universitario en Latinoamérica. Transformaciones, Desafíos Transnacionalización". "Los sistemas de educación superior en Latinoamérica.Transformaciones y transnacionalización un nuevo paradigma".

Andrés Mombrú

Licenciado y Doctor en Filosofía.

Especialista y Magister en Metodología de la Investigación Científica.

Docente Regular de la Universidad de Buenos Aires, Facultad de Ciencias Sociales, Facultad de Arquitectura y Urbanismo, CBC, niveles grado y posgrado.

Coordinador carrera de Especialización y Maestría en Metodología de la Investigación Científica de la Universidad Nacional de Lanús.

Profesor en dicha Maestría y en Doctorado de Filosofía.

Director y Codirector de numerosos proyectos de investigación.

Ha escrito más de 20 libros en su especialidad e innumerables artículos académicos

Es Editor responsable de la Revista Perspectivas Metodológicas del Portal de Revistas Científicas de la Universidad Nacional de Lanús, Arturo Peña Lilo

Ana Cravino

Doctora FADU-UBA. Magister en Gestión de Proyectos educativos, CAECE. Profesora Superior Universitaria, UM. Arquitecta UM

Profesora titular grado FADU UBA. Profesora titular *Taller de Tesis* y del *Taller de Historiografía* de Maestría en Historia de la Arquitectura, Diseño y Urbanismo de FADU-UBA. Miembro de la Comisión Académica de dicha Maestría.
Profesora *Laboratorio 2* Doctorado en Diseño, Univ. Palermo.
Profesora de *Metodología de la Investigación Proyectual* y *Metodología de Investigación Arquitectura Sustentable*. Maestría en Arquitectura Sustentable, UC.
Docente de *Pensamiento Científico*, CBC y de *Epistemología de las Ciencias Sociales*, Fac. Ciencias Sociales, UBA.
Investigadora principal del Instituto de Arte Americano e Investigaciones Estéticas "Mario Buschiazzo", FADU-UBA, Investigadora Universidad de Buenos Aires, Palermo y del ITBA
Investigadora categorizada Programa Incentivos docentes, Ministerio de Educación de Nación
Profesora invitada Universidad Nac. de Córdoba; Universidad Técnica de Ambato, Ecuador; Universidad del Azuay, Cuenca, Ecuador; Instituto Tecnológico Nacional de México sede Puerto Vallarta y Universidad Nacional del Valle de Cali, Colombia.
Autora de libros: *Reflexiones sobre la Teoría y la crítica, Cambios curriculares en la carrera de Arquitectura, Una Aproximación histórica, Arquitectura y Técnica, Investigación y Tesis en Disciplinas Proyectuales. Una Orientación Metodológica.*
Coautora *El sistema universitario en Latinoamérica: adecuaciones a nuevos escenarios de crisis y globalización: tendencias y transformaciones, Los sistemas de Educación Superior en Latinoamérica: Transformaciones y Transnacionalización. Un nuevo paradigma, Los Sistemas de Educación Superior y La Transnacionalización en Latinoamérica Tendencias, Modalidades y Estrategias en la Actualidad.*
Autora de diversas publicaciones en revistas con referato en argentina y en el extranjero.

Manuel Alonso
Doctor en Ciencias Biológicas por la Universidad de Sevilla, España.
Licenciado en Ciencias Biológicas y Profesor en Enseñanza Media y Superior en Ciencias Biológicas por la Universidad de Buenos Aires.
Categorizado como docente-investigador y director de proyectos UBACyT (investigación en didáctica de las Ciencias Biológicas), UBATIC (docencia y Tecnologías de la Información y la Comunicación) y UBANEX (extensión).
Profesor Titular regular en el Departamento de Ciencias Biológicas del Ciclo Básico Común de la Universidad de Buenos Aires, donde enseña las asignaturas Biología, y Biología e Introducción a la Biología Celular.
Coautor de diversas publicaciones tanto de Biología Celular como de Didáctica de las Ciencias Biológicas, las dos áreas en las que focaliza su actividad como docente-investigador.
Entre sus publicaciones es coautor de *El lenguaje estereoquímico de la vida. El uso de TIC como recurso para la enseñanza de procesos biológicos que implican reconocimiento molecular"*, *"Facebook como auxiliar en clases numerosas de biología en el Ciclo Básico Común de la Universidad de Buenos Aires"*, entre muchas otras.

Marina Daniela Rango
Lic. en Trabajo Social (Universidad Nacional de Luján).
Maestranda de la Maestría en Filosofía de la Universidad Nacional de Quilmes.
Docente de las asignaturas Introducción al Pensamiento Científico (Ciclo Básico Común – Universidad de Buenos Aires) y Metodología de las Ciencias Sociales (Ciclo de Formación General – Facultad de Cs. Económicas – Universidad de Buenos Aires).
Integrante proyecto de investigación UBACyT.
Coautora de artículos publicados sobre transnacionalización de

la Educación superior y lecturas críticas interdisciplinarias sobre la enseñanza en educación superior, así como de textos y material didáctico en ambas asignaturas.
Participó en diferentes congresos y jornadas sobre temas de Sociología y didáctica y pedagogía de las Educación Superior.

Juan Eduardo Roldán

Historiador, Facultad de Filosofía y Letras de la Universidad de Buenos Aires. Profesor de enseñanza Media, Superior y Universitaria en Historia. Profesor universitario en el Instituto Tecnológico de Buenos Aires (ITBA). Investigador del proyecto UBA-CYT, directora Dra Alicia Iriarte.
Es autor de diversos artículos sobre temas vinculados a la Educación Superior en América latina, publicados en libros tales como "Cuestiones del Sistema Universitario en Latinoamérica", Los Sistemas de Educación superior en Latinoamérica. Transformaciones y transnacionalización. Un nuevo paradigma, entre otros, coordinados por la Dra. Alicia Iriarte. También ha participado en varias ponencias en congresos nacionales vinculados a la temática sobre el rol de la Universidad en América latina en comparación con la Argentina.

Pablo Mariano González

Licenciado en Ciencias de la Educación (Universidad Nacional Lomas de Zamora /UNLZ).
Diplomado Superior en Constructivismo y Educación (FLACSO).
Profesor de Inglés (Instituto Superior de Profesorado "Dr. Antonio Ma. Sáenz").
Profesor en Ciencias de la Educación (Universidad Nacional Lomas de Zamora).
Docente de Nivel Medio y Superior.
Vice Director de Nivel Medio.
Jefe de Departamento de Nivel Medio.

www.ingramcontent.com/pod-product-compliance
Lightning Source LLC
Chambersburg PA
CBHW060515090426
42735CB00011B/2231